应用经济学丛书

国家社科基金青年项目"基于共演机制的科技企业投融资闭环生态圈建设研究"（编号：17CJY066）资助

科技创业投融资生态圈建设研究

刘亮 等著

苏州大学出版社
Soochow University Press

图书在版编目(CIP)数据

科技创业投融资生态圈建设研究 / 刘亮等著. —苏州：苏州大学出版社，2023.1
（应用经济学丛书）
ISBN 978-7-5672-3855-8

Ⅰ.①科… Ⅱ.①刘… Ⅲ.①高技术企业－投资－研究－中国 ②高技术企业－企业融资－研究－中国 Ⅳ.①F279.244.4

中国版本图书馆 CIP 数据核字(2022)第 236040 号

书　　名	科技创业投融资生态圈建设研究
著　　者	刘　亮等
责任编辑	王　亮
出版发行	苏州大学出版社
	（地址：苏州市十梓街1号　邮编：215006）
印　　刷	镇江文苑制版印刷有限责任公司
开　　本	787 mm×960 mm　1/16
印　　张	11.5
字　　数	200 千
版　　次	2023 年 1 月第 1 版
	2023 年 1 月第 1 次印刷
书　　号	ISBN 978-7-5672-3855-8
定　　价	39.00 元

图书若有印装错误，本社负责调换
苏州大学出版社营销部　电话：0512-67481020
苏州大学出版社网址　http://www.sudapress.com
苏州大学出版社邮箱　sdcbs@suda.edu.cn

前　言

创新驱动发展是提升我国经济社会发展质量与国家竞争力的重大战略决策，科技创新与金融资本的耦合互动是实现创新驱动发展的重要实践。当前，地区投融资环境已发展成为复杂的、相互联系的科技创业投融资生态系统，共生演化理论能较好地探讨该生态系统的演化阶段、路径和机制。以生态系统视角分析科技创业投融资生态系统的共生演化将有助于完善协同创新体系的理论与实践活动，构建科技创新的金融服务生态链，促进产业发展，从而实现科技成果转化和产业转型升级。

本书围绕投融资生态圈，结合共演机制和投融资环境对科技企业的影响，通过构建科技创业投融资闭环生态圈共生演化的生态系统，着重介绍系统内债权融资、股权融资和政府服务管理部分的作用机制，分章节实证探究了债权融资环境、股权融资环境对科技创业的影响，并采用案例分析与问卷调研的研究方法评价政府管理服务对科技金融体系的促进作用，最后采用计算机仿真模拟验证科技创业投融资生态系统的共生演化过程。

本书得出以下结论：第一，从债权融资环境来看，银行信贷强度提高对企业创新投入强度具有明显的抑制作用，且银行业的竞争度提高可以缓解银行信贷强度对企业创新投入的抑制作用。第二，从股权融资环境来看，风险投资背景对被投资企业的创新水平具有一定的正面影响，并且这种正面影响随着风投机构向被投资企业派驻董事变得更加显著。第三，从政府管理服务来看，政府在塑造良好的科技创业投融资生态系统中发挥了重要作用，如利用财政资金建立风险分担机制、搭建信息共享平台等，引导市场化金融机构有效运用资金，加速科技成果产业化。第四，从科技创业投融资生态圈共生演化的仿真模拟得出，科技创业投融资生态系统是由共生单元、共生模式和共生环境组成的从事价值创造与价值获取共生活动的复杂系统。科技创业投融资生态系统的共生模式取决于共生系数的数值,互惠共生模式是投融资生态系统演化的最佳模式。本书有助于进一步理清科技创业企业投融资生态圈内的构成要素与运作机制,为改善科技创业投融资生态系统提供理论支撑和政策启示。

本书的出版得到国家社会科学基金(17CJY066)的支持。本书章节分工如下:刘亮撰写第一、二、七章;赵玉娟、徐雨珊撰写第三章;甘云、吴笙撰写第四章;陈作章、刘真铭撰写第五章;朱慧敏、刘亮撰写第六章。

目 录 CONTENTS

第一章　绪论／001
　　第一节　研究背景／003
　　第二节　研究意义／005
　　第三节　研究对象与基本概念界定／007
　　第四节　研究内容及研究框架／010
　　第五节　研究方法／013
　　第六节　研究创新点和局限／014

第二章　相关理论和文献综述／017
　　第一节　相关理论／019
　　第二节　文献综述／032
　　第三节　理论与文献述评／052

第三章　科技创业投融资生态圈：债权融资／055
　　第一节　债权融资与科技创业投融资生态圈／057
　　第二节　债权融资对科技创业的实证研究／061
　　第三节　小结／074

第四章　科技创业投融资生态圈：股权融资／077
　　第一节　股权融资与科技创业投融资生态圈／079
　　第二节　股权融资对科技创业的实证研究／081
　　第三节　小结／096

第五章　科技创业投融资生态圈：管理服务／099
　　第一节　管理服务与科技创业投融资生态圈／101
　　第二节　服务者对科技创业投融资生态系统的支持效应／113

第三节　小结 / 121

第六章　基于共演机制科技创业投融资生态圈的演化 / 125
第一节　科技创业投融资生态系统共生演化的理论分析 / 127
第二节　科技创业投融资生态系统共生演化的仿真模拟 / 134
第三节　小结 / 143

第七章　研究结论和政策建议 / 145
第一节　研究结论 / 147
第二节　政策建议 / 151
第三节　研究展望 / 160

参考文献 / 162

第一章 绪 论

第一节 研究背景

一、理论背景

创新是整个经济长期持续发展的根本动力,它是指企业顺应市场整体发展趋势,通过充分利用和优化自身的资源配置,开发出新的技术,从而生产与市场需求相适应的产品,实现企业自身的产品结构升级,促进市场上新产业的形成,进而推动整体经济的螺旋式上升。然而,知识的公共性使得企业创新成果的社会回报远远高于私人回报,这种制度环境的不完善导致企业开展研发活动的积极性下降。同时,研发活动具有高风险与收益不确定的特性,这种风险与收益的不对称性使得科创企业在融资时面临一定的难题。此外,科技创业研发活动的开展不仅受到研发资金投入、制度环境、区域教育水平和产业集群专业化等新技术生成直接相关因素的影响,还会受到一个国家的科技创业投融资生态圈发展水平的影响。

二、现实背景

20世纪90年代,日本经济发展陷入长期萧条状态,这与曾经的高速发展形成鲜明对比,而社会创新能力的不足是主要因素之一。与此同时,美国的创新系统却十分稳固,其具备的动态调节功能保障了社会经济波动下的持续创新。谷歌、苹果、微软等多家美国科技创业企业的成功验证了美国创新生态系统的实用价值;"硅谷模式"也成为其他国家效仿的创业生态环境典范;美国也逐渐成为创新相关标准的界定者。2011年,奥巴马政府发起了"创业美国"(Startup America)的倡议。2021年6月,美国参议院在两党支持下通过了近3 000页的《美国创新与竞争法》(The United States Innovation and Competition Act of 2021)。2022年

1月，美国众议院通过了该法案的众议院版本，并取名为《2022年美国竞争法案》（America COMPETES Act of 2022），着眼于加强美国国内供应链、先进技术研发和科学研究。

随着全球新一轮科技革命与产业变革的深入，创新正成为引领社会发展的第一动力，科技创业成为国家综合国力和竞争力的焦点。就我国而言，在新的发展格局下，科技创新具有事关全局的战略性意义。第一，加快科技创新是实现高质量发展的必由之路。建设现代化经济体系，推动质量变革、效率变革、动力变革，都需要强大的科技支撑，都必须依靠创新驱动的内涵型增长。第二，加快科技创新是实现人民高品质生活的需要。第三，推动国内大循环，提高供给体系质量和水平，以新供给创造新需求，科技创新是关键；畅通国内国际双循环，也需要强化科技创新的高水平供给能力，保障产业链、供应链安全稳定。

在此背景下，国务院提出"要提高自主创新能力，建设创新型国家"的重要部署。自2014年6月起，习近平总书记和李克强总理多次提及创新创业。2015年，"创客"一词首次被写入政府工作报告，推进"大众创业、万众创新"逐渐成为全民热潮。中国创客们迎来了发展风口，争相将想法变成现实，将创意变成作品，走上科技创业道路。

2020年新型冠状病毒感染的肺炎疫情对我国经济社会的发展造成了一定的冲击，为减轻这次疫情对创新创业企业生产经营的影响，中央和地方纷纷出台一系列措施来稳定创新创业工作的开展。2020年2月，北京市政府发布了《关于应对新型冠状病毒感染的肺炎疫情影响促进中小微企业持续健康发展的若干措施》，在"减免中小微企业房租"方面，鼓励科技企业孵化器、大学科技园、众创空间等孵化服务机构为入驻的中小微企业减免疫情期间产生的房租费用。2020年3月，国家科技风险开发事业中心发布了《国家科技成果转化引导基金支持疫情防控、服务复工复产的倡议书》，倡议各子基金管理机构强化投后增值服务，支持企业复工复产，着力加快基金机构的决策流程和投资进度，助力企业尽快将相关科技成果应用到抗击疫情第一线。创新是我国经济社会发展的持续动力，在任何困难面前都不能停止对创新创业活动的资金支持，否则研发活动的中断还会使前期的投入付之东流。

创新不仅是经济增长的重要内生变量，还是科技创业企业获得市场竞争优势的关键。然而，创新活动具有风险高、周期长、投入大的特征，还需要持续稳定的现金流作为保障。因此,推动企业创新就必须加大研发投入,满足企业对研发活动的资金需求。由于科技融资专业化需求很高,加之我国金融体制的不健全,金融机构对科技创业的支持力度往往比较弱,科技企业面临严重的融资困境,科技创业与金融发展之间不同步、不匹配、不互动等问题层出不穷。2006年我国出台的《国家中长期科学和技术发展规划纲要(2006—2020年)》明确提出要建立多元化科技投入体系。《"十三五"国家科技创新规划》《国务院关于促进创业投资持续健康发展的若干意见》相继指出要健全支持科技创新创业的投融资体系。一系列科技金融相关文件陆续由中央和地方各级政府出台,新的金融工具、新的科技金融机构、新的科技金融市场不断出现,有效促进了我国科技创业活动的开展,为经济增长注入新的活力。科技创业投融资生态圈的建设是实现科技创新的"关键一招",所以当前的首要任务就是打造科技创业投融资生态圈,满足科创企业的融资需求,逐步创造一种新的资源配置模式,从而促进企业创新能力的提升,加速社会生产方式变革,为产业转型升级赋能,重塑国家发展的竞争优势。

第二节　研究意义

一、理论意义

第一,本书从生态系统的视角出发,分析了科技创业投融资生态圈的内涵,在此基础上探讨了生态圈内各组成部分(债券融资、股权融资和政府管理服务等)对科技创业企业创新作用的影响机制,进一步丰富了科技创业投融资生态圈领域的研究。

第二,本书基于非平衡增长理论,对科技创业投融资生态圈的共生演化进行了仿真模拟和案例分析,考察了科技创新与金融发展的耦合协调对科技创新创业的意义。构建完善的科技创新投融资闭环生态圈对于科技金融的正常运行与可持续发展至关重要。

第三，本书研究的科技创业投融资生态圈是基于生态学理论来阐明科技金融体系和科创企业的良性循环及彼此互动的动态关系，是对科技金融理论和创业生态系统理论的进一步融合与探究。

二、现实意义

第一，本书基于"大众创业、万众创新"的现实背景，结合科创企业在初创期面临的融资难问题，研究科技创业的投融资生态圈，这对健全科技创新创业的投融资体系、促进创业投资持续健康发展和国家整体创新能力的提升等方面具有重要的现实意义。

第二，本书的核心落脚点在于如何构建投融资生态圈，使科技创业、创新投资与金融市场之间"共生演化"的关系更加紧密，从而推动区域新兴创业企业的成长与创新。因此，在研究过程中考虑了投融资生态要素间的作用机制和投资资金进入与退出的循环机制。通过对科技创业投融资生态圈的共生演化路径的研究，总结出当前科技创业投融资生态系统存在的问题，并提出与现阶段投融资环境相适应的优化模式，这对当前投融资生态圈的改进与优化具有重要的现实意义。

第三，本书将理论和实践相结合，探索科技创业投融资环境共生演化模式，阐述科技创新与金融发展的共生演化程度。在研究结论的基础上，从科技创业企业、金融体系和政府三个方面提出构建良好科技创业投融资生态圈的政策建议，为中国科技创业企业的投融资环境优化路径提供一定的政策参考，对科技创业乃至区域经济的创新和发展具有重要的现实意义。

第三节 研究对象与基本概念界定

一、科技创业

科技创业,又名创新创业,是科学技术和创新创业的有机结合。约瑟夫·熊彼特(Joseph Alois Schumpeter)于 1912 年首次提出"创新"的概念,将之定义为将新的生产要素和生产条件的新结合运用到经济生产过程中去,对原有的生产体系造成一定的震荡效应,它具备高风险、周期长、投入大的特征。"创业"是法国古典经济学家理查德·坎蒂隆(Richard Cantillon)于 1755 年引入经济学理论中的。坎蒂隆所指的"创业"就是"干事业",包括各行各业的人们为推动事业向前发展所做的各种努力和行动,涵盖了财富创造的整个过程。科技创业不仅实现了创新与创业的结合,还将科技研发、产业开发与科技商业化有机地结合,其实质是高技术水平的创业活动的集聚,反映了科技双创领域的多要素互动与多领域融合。在实践过程中,我国建设了致力于为科技型中小企业提供孵育服务与管理经验的平台,如上海市科技创业中心、深圳市科技创业服务中心等,为科技型中小企业提供了创新创业服务。

二、投融资生态圈

投融资生态圈是基于英国生态学家坦斯利(Tansley,1935)的生态系统概念所提出的。生态系统(ecosystem)是指在自然界一定的时间和空间内,生物群落与其栖息环境之间形成的一个生存发展的循环整体。这个整体内的各组成要素之间相互影响、相互制约,经过长期的共生演变最终维持在一个较为稳定的平衡状态。金融体系内的各要素都遵循生态系统的发展规律,各要素之间的关系符合系统内的逻辑安排。各类金融主体依据自身在系统内的功能特征发展演化,逐渐形成相对稳定的秩序结构,这种秩序结构就是金融生态。基于此,投融资生态圈是各种不同类型的金融企业为谋求生存与发展,与生存环境中的金融组织之间在长期的密切联系和相互作用过程中,通过分工合作所形成的互利共赢的生态系统。

三、科技创业投融资生态圈

科技创业投融资生态圈是由不同要素组合而成的一个有机整体,是整个金融系统生态环境的子系统,其中包括技术创新型企业在投融资过程中所涉及的金融体系、政府机构和服务平台等外部环境。投融资生态圈是科技金融体系的进一步拓展,属于创新生态系统的细分领域,更加强调投融资要素间动态关系的优化。生态圈的内部环境,即科创企业的内部环境并不在本书的探究范围内,这主要是因为科创企业多处于成长期,面临较为严重的融资约束。一般而言,科创企业内部资产等资源严重不足,企业难以从内部渠道获取资金,主要通过从外部渠道获取资金,如金融机构、政府等,所以本书主要探讨科创企业与金融机构、政府等形成的生态圈。

投融资生态圈具备以下特点:第一,理想中的科技创业投融资生态圈应是一个较为完善的科技创业平台,创业者可以依靠这个平台获得合理需求范围内的金融资源;第二,科技创业投融资生态圈的参与者是科技创业企业、政府和金融机构,必要的金融资源主要由政府和金融机构凭借功能之间的联系以及自身功能的发挥来提供;第三,科技创业投融资生态圈具备准公共物品的性质,政府在遵循市场规律的前提下,对塑造科技创业投融资生态圈承担着重要的责任。

科技创业投融资生态圈的参与主体包括科技创业企业、金融机构和政府。科技创业企业是主体;金融机构是科技创业企业的外部渠道资源来源主体;政府的作用则是协调企业与金融机构之间的关系,帮助企业获得融资,降低金融机构与企业之间的信息不对称,优化资源配置,促进企业创新和发展。

科技创业企业是以民营背景为主,多处于企业生命周期的成长期,主要从事高新技术产品研发、生产和服务的中小企业群体,属于高投入、高成长、高风险、长周期的特殊企业。技术创新和发明专利是科技创业企业赖以生存和发展壮大的基础,而这必须以充足的资金投入企业技术研发部门为前提。然而，目前我国多层次资本市场尚未完善，科技创业企业的银企关系不佳，难以积累充足的内部留存，面临着较为普遍的融资约束困境。因此，构建良好的科技创业投融资闭环生态圈对于我国科技型中小企业的发展具有十分重要的意义。

金融机构（主要包括债权融资机构和股权融资机构等）提供的外源性融资和政府支持政策下的创业融资是科技创业企业的主要外部融资渠道。科技创业企业股权融资的资金主要来源于商业银行，而商业银行也是我国金融体系的主体，在整个金融体系中发挥着重要的作用。由于科技创业企业的特征是总体规模小、研发投入高，所以具备高风险与高收益并存的特征，商业银行金融产品的风险收益属性并不能完全匹配科技创业企业。商业银行虽然是科技创业企业创新活动的风险承担者，但是并不享有科创企业创新成功获得的收益，仅仅获得贷出资金的利息，所以商业银行不愿意为科创企业提供融资，这也就导致了科创企业普遍存在融资难的问题。

科技创业企业股权融资的资金主要来源于风险投资（venture capital，亦译为"创业投资"）机构。我国政府在《关于促进创业投资持续健康发展的若干意见》（国发〔2016〕53号）中将创业投资定义为"向处于创建或重建过程中的未上市成长性创业企业进行股权投资，以期所投资创业企业发育成熟或相对成熟后，主要通过股权转让获取资本增值收益的投资方式"。获得风险投资的企业需要出让企业的股权来获得风险投资的资金注入，而不需要企业拥有对应投资数额的抵押资产，也无须支付风险投资的资金利息。此外，风险投资的注入不仅为科技创业企业带来融通资金，持有股权比例较大的风险投资可能还会派驻风险投资董事来参与企业经营决策和风险管理；风险投资的加持还会吸引更优秀的创新人才加入创新研发团队，为企业创新带来技术和人才资源。因此，风险投资能有效结合资金、管理、人才等创新要素，为科技创业企业研发创新产品、申请发明专利带来强有力的多方支持。

政府作为科技创业投融资生态圈的重要主体，在科技创业投融资生态系统中发挥了关键作用，从原来的研发奖励拨款改为与市场化金融机构合作，通过风险分担、信息揭示等方式，帮助科技创业企业解决投融资难题。2011年通过的《中华人民共和国国民经济和社会发展第十二个五年规划纲要》（简称《"十二五"规划纲要》）提出，要加大对企业创新和科研成果产业化的财税金融支持力度，推进重大科技基础设施建设和开放共享，促进科技和金融结合。同年10月20日，八部委联合发布了《关于促进科技和金融结合加快实施自主创新战略的若干意见》，明确提出要建立科技和金融结合协调的机制。

第四节　研究内容及研究框架

一、研究内容

第一部分为绪论。本部分提出本书的研究背景、研究意义、研究对象与基本概念界定、研究内容及研究框架、研究方法，以及研究创新点和局限。

第二部分为相关理论和文献综述。本部分是研究的重要理论基础，首先对已有的研究理论和国内外文献进行介绍和分析，其次对现有理论和文献进行述评，指出已有研究的不足，提出本研究主要解决的问题。

第三部分为科技创业投融资生态圈中关于债权融资的研究。本部分以2007—2019年创业板上市公司为研究样本，运用年度与个体双固定效应模型，实证分析得出银行信贷强度提高对企业创新投入强度具有明显的抑制作用，但银行业的竞争加剧可以缓解银行信贷强度对企业创新投入的抑制作用。

第四部分为科技创业投融资生态圈中关于股权融资的研究。本部分选取2010—2011年在创业板上市的公司作为研究对象，从风险投资背景和风险投资机构派驻董事两个角度着手，使用2009—2018年的数据实证研究风险投资对企业创新的影响。研究结论为：风险投资背景对被投资企业的创新水平具有一定的正面影响，并且这种正面影响随着风险投资机构向被投资企业派驻董事变得更加显著。

第五部分为科技创业投融资生态圈中关于管理服务的研究。本部分关注科技创业投融资生态圈中的"管理服务"成分。首先，选取苏州工业园区作为案例，探讨地方政府为促进科技创业与金融资本的结合，在金融资源综合配置与创新服务层面的政策机制；其次，以科技型中小企业为对象进行融资需求及满足度调查，共向 2 000 家企业发放调查问卷，结合实际分析科技金融政策的支持效果。调查得出，政府在塑造良好的科技创业投融资生态系统中发挥了重要作用，政府积极利用财政资金建立风险分担机制、信息共享平台等，引导市场化金融机构有效运用资金，加速科技成果产业化。

第六部分为基于共演机制科技创业投融资生态圈的演化研究。本部分基于共生演化理论提出科技创业投融资生态系统的概念和构成，探讨该生态系统的演化阶段、路径和机制，构建科技创业投融资生态系统的共生演化模型，分析模型的均衡点和稳定性条件，采用计算机仿真方法对不同的共生演化模型进行分析，并以苏州工业园区投融资生态系统为例，验证科技创业投融资生态系统演化模型在实践中的适用性。

第七部分为研究结论和政策建议。本部分针对以上各部分的研究结果，从科技创业企业、金融体系和政府三个方面提出构建良好科技创业投融资生态圈的政策建议，为中国科技创业企业的投融资环境优化路径提供一定的政策参考，并对将来可能的研究方向做出展望。

二、研究框架

本书的研究框架及研究主线如图 1-1 所示。

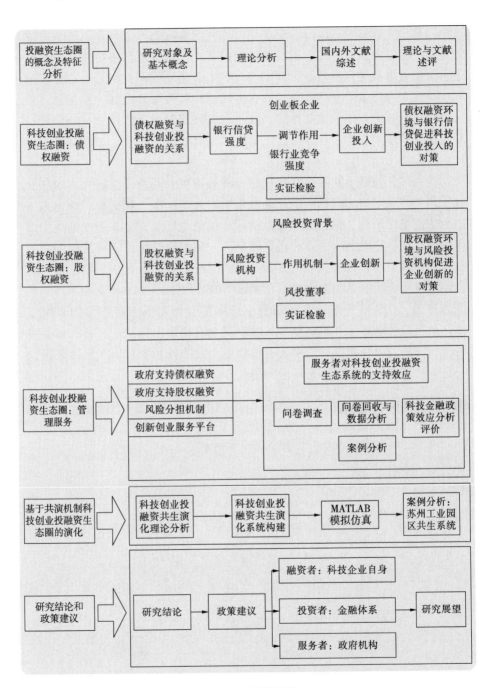

图 1-1 研究框架图

第五节 研究方法

本书采用了多种研究方法：

(1) 文献研读与专家咨询相结合。

笔者通过文献研读与专家咨询来确定研究方向和研究理论。通过文献梳理，系统研读关于科技创业、创新生态系统、投融资生态圈、共生演化理论等方面的学术文献和研究报告，形成对研究对象的初步认识，并为后期研究提供理论支持。在此基础上，与领域内专家学者进行深入交流，了解相关前沿研究成果，拓宽研究思路，从而得出科技创业投融资生态圈的测度基础。

(2) 历史归纳和比较分析相结合。

本书运用历史归纳法来研究理论分析和文献综述部分。通过查阅相关历史资料，得到有价值的信息，从而全面地了解关于科技创业、创新生态系统、投融资生态圈、共生演化理论等方面的研究背景、现状及前景。

本书采用比较分析法来研究共生演化模拟部分。比较分析法是实施系统分析、推理等其他方法的基础，通过比较相似的事物来阐明它们的相同点和不同点，明确其优劣程度。比较分析法可分为纵向比较法和横向比较法。纵向比较法是对某一事物不同时期的某种特征或指标进行比较，以此来探究某事物在一定时间内的发展轨迹；横向比较法是对具有相同特征或要素的同类主体在同一时间或同一环境下的特征或指标进行比较，分辨该类主体的发展态势和优劣。本书在分析苏州工业园区科技创业投融资生态圈的共生演化时，采用纵向比较法对不同年份的指标值进行对比分析，以期发现科技创业投融资生态环境的共生演化状态在这段时期内的变化趋势。

(3) 数理分析与实证检验相结合。

本书采用实证检验的方法探究科技创业投融资生态圈中的债权融资、股权融资部分，选择固定效应回归模型检验银行信贷程度与企业创新投入的关系，选择固定效应回归法和倾向得分匹配法验证风险投资机构与企业创新绩效的关系。

本书采用计算机仿真模拟与数理分析相结合的方法探究科技创业投融资生态系统的共生演化及仿真研究。计算机仿真模拟能够为科技创业投融资生态系统的研究打开一个新的视角。借鉴以往学者研究创新创业生态系统共生演化的仿真模型，本书将逻辑斯蒂增长模型（Logistic growth model）应用于投融资生态系统的共生演化研究，通过构建科技创业投融资生态系统的共生演化模型得出系统的均衡点和稳定性条件，采用计算机仿真方法对不同的共生演化模式进行分析。

（4）问卷调查与走访。

本书采用问卷调查与走访的方法探究科技创业投融资生态圈中政府的管理服务作用。根据本书的研究内容精确设计问卷，向苏州工业园区的科技创业企业、科技金融服务企业、政府金融政策制定者发放问卷并进行半结构访谈，通过变量测量、相关性分析、差异性分析等方法分析生态圈中不同投融资要素对科技创新创业影响的普遍性与差异性。

第六节 研究创新点和局限

本书可能的创新点如下：

（1）研究内容上，第一，本书关注双创时代科技创业企业的特征与融资需求，是对科技金融理论的有益补充；第二，研究中搭建了创业生态圈理论和科技金融理论的连接桥梁，为科技创业企业投融资生态圈的共演理论提供了新的研究思路。

（2）研究方法上，本书使用较为科学的计量分析方法。在实证研究中，本书不仅采用基于固定效应模型的面板数据回归等方法对研究问题进行实证分析，而且选择倾向得分匹配法克服研究问题的内生性，检验风险资本参与和风险投资董事对企业创新的影响。同时，在开展科技创业投融资闭环生态圈的共生演化研究的过程中，因时间序列数据存在缺失，所以采取计算机数值模拟的实证方法，即通过MATLAB软件多次迭代探析科技创业投融资生态圈的共生演化过程和共生关系演变。

（3）研究对象上，本书创新性地选择科技创新发展比较好的城市作为案例进行研究。现有文献中，具体到对地区科技创新投融资环境的实证分析和评价的较少，且为安徽、陕西等中西部省份的城市（赵武等，2014），而长三角地区的经济发展和科技创新水平处于我国领先地位，江苏苏州的投融资生态圈建设经验对全国各地的发展具有借鉴意义。

本书所做的研究工作仍有需要继续深化和完善的地方：

（1）科技创业投融资生态系统的组成不仅包括债权融资、股权融资和政府服务管理，还包括经济发展水平、市场融资渠道、科技研发环境、基础设施条件、社会法制水平等外部市场环境。本书着重对投融资生态环境中的核心单元进行实证分析，未能逐一研究。

（2）本书通过三个部分分别探讨债券融资、股权融资和政府服务管理对科技创业的影响，并通过仿真模拟探讨科技创业投融资生态圈的共生演化过程，但并没有综合本书所构建的科技创业投融资生态圈中的所有部分来实证探究科技创业投融资生态圈与科技创业的关系，后续研究可以评价科技创业投融资生态圈对科技创业的支持效率。

第二章 相关理论和文献综述

第二章 相关理论和文献综述

科技创业投融资生态圈是科技创业企业生存的重要环境。由于创新活动本质上是一种不确定性较大的非常规企业投资活动，需要大量、稳定和持续的资金支持，因此多样化的融资渠道和高效的融资过程是对科技创业企业顺利开展各种创新活动的有力支持。本部分通过对国内外科技创业投融资的相关理论和已有文献进行回顾，对投融资生态圈的概念和内涵进行归纳和总结。

第一节 相关理论

一、科技创业

熊彼特是第一位提出"创新"概念的经济学家，也奠定了创新理论的基本思想。他以技术创新为基础，强调了创新对整个社会经济发展的重要性，并指出创新的过程就是指企业顺应市场的整体发展趋势，通过充分利用和优化自身的资源配置，开发出新的技术，从而生产与市场需求相适应的产品，进而打破行业经济均衡状态，通过革新实现经济发展。在熊彼特的创新理论中，创新行为已经不仅仅局限于生产领域所涉及的技术概念，而更像是为追求经济效益而产生的经济学概念。实际上，推动市场经济制度变化的根本动力就是创新带来的巨大收益；经济因素是制度需求的原动力，新的利润空间在制度创新演变后出现，进而带动资源配置的优化和市场交易效率的提高。虽然熊彼特指出了创新的重要性，但当时凯恩斯学派在经济发展理论中占主流地位，导致技术创新理论未能得到企业和国家的认同。在第二次世界大战之后，由于科技在经济发展中起到越来越重要的作用，该理论才渐渐得到政府、企业及学者的认可。后来的学者在继承熊彼特创新理论的基础上不断补充，形成了新古典学派、新熊彼特学派、制度创新学派和国家创新系统学派等，创新理论得到进一步完善。

新古典学派主张以 Solow（1956）为代表的新古典经济增长理论和以 Romer（1986）为代表的内生经济增长理论。这些理论是在新古典主义经济学理论的基础上,将技术进步这一因素放入原有的理论框架中,进一步考察技术进步对社会经济整体增长的推动作用。新古典学派强调长期经济增长除了要有资本和劳动力这两个因素外,还要依靠技术进步的推动。这里的"技术进步"是一个相对宏观的总体概念,包括除资本和劳动因素以外对生产效率提高有助推作用的一切因素,比如社会整体教育水平的提升、对研发人员的技能培训等要素,是一个比较宽泛的概念,不是具体指某一具体要素。新古典经济增长理论和内生经济增长理论的不同之处在于假设条件不同。Solow 首次采用"两步论"概括出创新的内涵,认为创新发展需要建立在两个条件上,即新理念的出现和实现发展的过程。在劳动供给不变时,资本的边际产出递减,而技术进步是不变的外生变量,通过演算得出以下结论:经济长期增长的根本动力是技术进步;储蓄率虽然可以在短期内促进经济发展,但在长期趋于稳定状态。Romer 的内生经济增长理论则在研究新古典经济增长理论之后将理论中的相关变量进行内生处理,并且提出收益递增模型。他提出技术创新是除劳动、资本以外的第三个经济增长因素,知识的外部效应和溢出效应会带来经济的长期稳定增长,而技术创新水平高低的决定因素是人力资本积累与劳动分工水平。

新熊彼特学派以 Manthfield(1963)、Kamien 和 Schwartz(1975)为代表。该学派以熊彼特的创新理论、演化经济学、复杂性科学和系统理论为基础,发展出关于经济增长的跨学科理论。该理论强调从量变到质变的分析、动态非均衡分析和介于宏观与微观之间的产业经济分析,认为具有创新精神的企业家是从事创新活动的主体,并承认市场结构与技术创新之间的互动关系,而经济增长的主要因素来源于技术进步带来的企业生产效率的提高,但这并不是经济增长的唯一源泉。他们认为,对经济发展的探讨不可避免地要考虑到产业部门、金融部门和公共部门,经济发展则是这三个部门在创新基础上的共同演变驱动的动态过程,最终会引起经济系统发生根本质变。该学派研究的主要问题有:新的技术如何推广、技术创新对市场结构的可能影响以及企业规模对技术创新的影响。Manthfield 基于四个假设(市场是完全竞争状态、专利权对模仿者影响不大、新技术在推广过程中不发生改变、企业规模不影响技术的推广使用)对影响新技术推广的因素进行了探究,并建立了一种新的模式,得出结论:一是当市场上出现新技术后,对该技术的模仿速度越快,新技术推广得就越快;二是模仿新技术的利润率越高,就越有利于该技术的推广;三是新技术需要投资的金额越大，就越不利于该技术的推广。虽然 Manthfield 对模仿与技术创新之间关系的研究补充了技术创新理论的内容，但是其假设的条件相对严苛，对现实经济的解释是有限的。Kamien 和 Schwartz 则是在技术创新理论的基础之上，从垄断市场和竞争市场两个角度研究创新，通过研究市场竞争程度、市场垄断程度及企业的规模对企业创新的可能影响，提出了能促进创新的市场结构模型，得出结论：企业所处的市场环境竞争越激烈，就越有利于创新能力提升；企业如果处于行业的垄断地位，那么其对行业的整体控制就比较强，创新可以维持的时间就比较长。这可能是因为：在完全竞争的市场环境中，由于行业的进入壁垒小，企业规模通常都不大，企业难以对市场形成掌控力，也难以筹集到进行技术创新活动所需的资金，所以新技术难以产生；而在垄断的市场环境中，企业由于缺乏竞争对手，所以进行创新的动力不足，从而未能推动创新。因此，适合技术创新的市场环境是处于垄断与完全竞争之间的环境。

制度创新学派的代表人物是 Davis 和 North（1971）。制度创新学派认为虽然技术创新对经济发展非常重要，但是与技术创新有关的经济组织方式和经营管理方式也十分重要。该理论基于一般均衡分析法，认为由于知识具有公共性，从而使得新技术带来的私人收益小于社会收益，所以需要建立一种制度对新技术的所有权进行明确，使得新技术带来的私人收益接近社会收益，保证个人技术创新的动力。如果社会可以建立一种明晰的产权界定方式，那么个人创新的私人回报就有了保证，进而促进创新，推动社会经济进步。但是该理论所涉及的制度创新是指社会政治经济制度的创新，如公司内部制度、工会制度等，并不包括社会上的政治背景制度，并且该理论忽视了市场制度本身就是规模和创新的决定性因素之一，对交易成本和产权界定的相关概念的确定并不够明晰。

国家创新系统学派的代表人物是 Freeman（1987）。他认为技术创新促进了创新成果的产业化与商业化，而这种进步不仅需要企业家这个主体的参与，还需要国家这个主体的参与，促进资源的更优配置。Freeman 在对日本经济研究后发现，国家要实现经济的快速发展，需要政府发挥管理和服务职能来促进社会的创新发展与技术进步，政府职能在推动技术创新过程中发挥重要作用，有助于构建国家和地区的创新创业生态圈。而后，Nelson（1993）以美国创新系统为例，分析国家在整体创新进步中所起的作用。他认为国际创新系统非常复杂，包括的因素非常多，如制度环境因素、技术行为因素、科研机构因素以及政府单位对创新活动的整体战略规划因素等。技术创新活动实际上具备相当的不确定性，国家应当在整体制度安排上适度灵活。Freeman 和 Nelson 对技术创新理论的补充让世界上各个国家和地区认识到了国家这个主体在创新过程中如何定位并发挥自身的作用，而投融资生态圈就需要国家在创新过程发挥引导作用，促进资源的更优配置。但是，他们对国家在创新过程中发挥作用的研究仅限于对单个国家的研究，没有对不同国家的创新系统进行比较研究，而每个国家的国情有所区别，需要制定一套适应自身的战略规划。

1976 年，美国国家科学基金会在熊彼特创新概念的基础上对技术创新重新定义，提出技术创新即是将新的或者改进的产品、过程或服务引入市场的过程。Nelson 在其著作《国家创新系统》中指出，现代国家的创新系统非常复杂，不仅包括企业，也包括进行科学基础研究的高校和科研机构，还包括制定规划和负责投资的政府部门。由于科技创新的不确定性，国家创新系统应保证弹性制度，确保能够适应科技创新不断变化的制度需求。

1996 年，国家创新系统被经济合作与发展组织（OECD）定义为决定国家扩散知识和技术的能力、代表国家创新业绩的结构化创新网络。这种网络是公共部门与私营部门共同活动和相互作用的结果。此外，在《以知识为基础的经济》中，OECD 提出该系统在结构方面的重要性，指出其能起到决定经济发展的作用。1997 年，OECD 在《国家创新系统》中发布了一整套科学的创新系统分析方法，强调制定政策时应考虑到系统中人才、科技创业企业和机构之间保持充分的信息沟通以及企业之间加强技术流动。在政策领域运用国家创新系统的因素主要有：① 发现隐藏在知识中的重要经济价值；② 广泛运用系统方法；③ 增加相关的知识生产机构。OECD 在工业科技方面的关注点是制定最有利于知识经济与创新体系的政策。英国贸易与工业部在《英国的国家创新系统》中提出，国家创新系统推动新技术的发展与传播，有助于政府构建创新的政策框架，是一种集合存储、创造、传递知识和技能等功能的由多个机构构成的独特系统。

《创新美国：在挑战和变化世界中保持繁荣》是由美国竞争力委员会于 2004 年发布的报告，该报告指出，美国通过在政府、企业、工人与教育者中建立新关系，推动了 21 世纪创新生态系统的实现。在美国提出"国家创新倡议"的同时，日本政府认为重大政策应转向基于创新生态的技术政策，这个转向是日本持续发展的根本动力。

我国学者在关于国家创新体系的最新研究中总结得出国家创新体系的含义一般包含四个方面。首先，国家创新体系是带有该国自身发展历史背景和发展特征的创新之路，具有明显的国家特征。其次，国家创新体系是国家层面的生态系统，是以整个国家的力量支持社会创新的发展，因此经济社会发展较好、知识教育水平较高的国家所维持的国家创新体系往往更具发展优势，创新体系发展落后的国家必须通过改善国家经济社会发展程度与教育重视程度，才能真正提高国家创新水平。再次，创新活动不是孤立的研发行为，一个国家的创新系统是多主体共同参与的协同体系，创新主体与金融体系、国家政策体系、社会中介服务机构等多方互相联系，互相影响。最后，政府在国家创新体系中占据非常重要的引导地位，仅仅凭借创新创业人群独立摸索和创新并不能高效地提升社会创新水平，需要有政府政策的引导和规划、市场制度的支持和完善、金融体系的扶持和助推。政府在国家创新体系的发展过程中起到顶层设计、引导发展和管理服务的作用。

2008年，美国总统科技顾问委员会（PCAST）在《创新生态系统中的私营部门研究合作》报告中将创新生态系统定义为一个多方共同参与的集合，包括产业界、基金会、学术界、经济组织与各级政府。创新行为则定义为从科学技术知识教育和研发机构的新知识产生到将新知识用于创造新产品进而推进产品市场化的过程。这个生态系统的影响因素较多，如科技研发环境、基础设施条件、社会法制水平等。因此，创新生态系统并不是严格按照规划限制行动者的作用，而是创新系统内每个组织各自或相互产生促进或阻碍创新发展的作用。随后，美国政府在2011年发布的《美国创新战略》中强调了创新能力是未来经济增长和国际竞争力提升的关键。

科学创新与技术创新是组成科技创新的两个部分。科学创新和技术创新两种力量共同作用，形成了科技创新，并且科学创新与技术创新之间存在着复杂的知识关联和相互作用。科学创新与技术创新在创新目的、创新过程、创新主体、创新成果等方面都存在很大不同。从创新目的来看，技术创新的目的是获得商业利润的最大化，是企业为了降低生产成本、提高生产效率而做的技术改进，而科学创新的目的除了获得商业利润之外，更多的是强调对未知科学规律的探索和运用。从创新过程来看，技术创新更强调技术成果市场化和商业化阶段，而科学创新除了包含技术成果市场化和商业化阶段之外，还涵盖了技术创新阶段。从创新主体来看，技术创新更强调企业的创新主体地位，而科学创新的主体不仅包括企业，还包括高校、科研院所和研发机构等。各类创新主体在创新链的不同环节具有不同的功能和定位，但都对科技创新系统发挥着重要作用。从创新成果来看，技术创新成果多体现为新产品和新服务，并以实现经济效益作为衡量技术创新价值的标准。科学创新的创新成果除了技术创新的经济效益之外，还包括论文、专著、专利等科学研究原创性成果。总的来看，科技创新是科学发现、技术发明和市场应用三者之间相互作用、相互影响、协同发展的产物，它是科学与技术的结合体，是包含科学创新与技术创新在内的全方位创新。

Schumpeter（1934）对比分析了"经理"与"企业家"在经济发展过程中的身份差异，他认为"经理"和"企业家"之间的区别在于是否能结合自身拥有的生产要素进行创新生产。"经理"代表那些能使用自有要素进行生产活动的人，"企业家"则代表那些能合理搭配手中生产要素、鼓励企业内部积极开展创新活动、将技术应用于新产品的研发和推广的人。"企业家"可以理解为拥有创新生产能力的"经理"，是否具有创新生产能力成为区分二者的关键。因此，"企业家"是比"经理"更加宝贵的人才资源，能够引导创新活动的开展，进一步促进企业的发展与壮大。在特殊情况下，二者的身份还会因为创新活动的有无而互相转化。

较多的学者对于"创业者是谁"这一问题从创业者特质角度进行了研究分析。Schumpeter 经调查发现创业者往往是企业中一小部分具有独特性质的人。此后，Moore（1990）等创业特质理论学派的代表学者对创业者展开了具体的行为研究，他们以社会上的创业者和非创业者为对照样本，研究两者的心理特征有何不同，又如何作用于创新行为。研究发现，如果假设创业者和非创业者存在不同的心理特征，那么对于创业的人来说，创业成功与否也是由创业者不同的心理特征造成的。在此基础上，Sexton 和 Bowman（1985）从独立性的角度探讨了创业企业中的创业者和管理者的特征区别，进一步分析创业者成功与失败的影响因素。此外，主体特征作为创业者的背景和心理特征的表现，有着引导和影响个体行为的作用。对于此变量，学者通过研究企业战略和绩效的创业者心理影响特征，分别从乐观主义、责任感和风险倾向（Begley 和 Boyd，1987）等不同角度得出了不同的研究结论。

基于科技创业主体的整体性和作用性，创业机会是科技创业投融资生态系统内各参与主体之间互相作用的结果，因此有必要协调科技创业企业与各类投资主体的利益关系。单从创业者个体视角研究无法揭示投融资过程的本质，所以，将不同主体联系起来，探究投融资创新过程中的可行性、引导政策、中介参与和各主体互动行为的影响机制有重大意义。此外，基于科技创业多要素的整体性和作用性，仅关注创业活动中的某一要素则较为片面，无法全面探究创业活动机会开发的多层次过程和进展。从不同要素的整合研究创业者的主观因素与客观情境的相互作用则更加全面，情境作为创业机会的来源，而创业者确定感知决策（McMullen 和 Shepherd，2010），二者的相互匹配能够促进理想的创业活动。

二、金融发展

金融发展理论主要系统研究经济增长与金融的关系，核心问题是金融发展与科技创新、经济增长的关系，以及金融部门在技术创新和经济增长过程中发挥的作用及发挥作用的前提条件、渠道或机制。金融发展理论将研究分为微观和宏观两个层面进行研究分析。在微观层面，关键是企业绩效与金融体系之间的影响和联系；而宏观层面则是基于国家产业层面分析经济发展与金融的相关性。由于研究角度与思想流派的差别，学者们又将金融发展理论细分为金融结构论（Goldsmith，1969）、金融深化论（McKinnon，1973；Shaw，1973）和金融功能论（Merton，1995；Levine，1997）。

金融结构论的学者认为各国金融体系、金融结构和金融政策的不同导致各国金融发展程度不同，进而导致各国金融经济的发展效益存在差异。金融工具规模与金融机构数量以及两者的结构比率等指标反映了各国不同的金融发展水平。研究发现：经济发展好的国家往往具有较高的金融发展水平，表现为金融机构和从业人员众多、金融产品种类丰富、金融资产规模较大及金融市场更加复杂等特征，这就说明经济发展水平与金融发展水平紧密相关。Goldsmith（1969）将一个国家所有的金融企业和金融工具的性质、形式与规模归纳为金融结构，并讨论在不同经济发展水平下的不同的金融结构。他采用实证方法证明金融相关比率（FIR）与经济增长存在显著的正相关关系，说明金融发展表现为金融结构的变化，通过改变那些影响金融结构的因素就可以促进金融发展，促进技术进步，并进一步促进经济增长。Patrick（1966）研究了一国金融发展水平与经济发展程度的关系，得出结论：不同经济发展阶段的金融发展水平存在较大差异。在经济发展的早期，金融发展是供给导向型的，金融中介机构通过吸收大规模储蓄，不断推动经济增长；而到了经济发展的高速时期，金融发展呈现出需求跟随型的特征，在经济不断发展的过程中，金融服务的新需求不断增加，从而促使金融产品创新和金融机构改革，金融发展得以推动。林毅夫等（2009）提出了最优金融结构理论。该理论认为经济体的要素禀赋特征决定了对金融系统服务的特定需求，而不同的金融制度安排在动员储蓄、管理风险等功能上各有优劣。在不同的经济发展阶段，应该将金融结构与金融需求结合起来。发展中国家以劳动密集型产业为主，资本需求小。金融中介机构在供给资金时，应当考察企业经营能力与潜在的风险。地域性中小银行应与当地企业紧密联系，充分了解企业发展状况，给予科技创业企业相应的资金支持。而发达国家对资本的需求更多，防范创新风险也变得更加重要。规模较大的银行更加有责任和能力为这些企业提供融资便利和管控风险。最优的金融结构不是既定不变的，而是随着经济的不同发展阶段和现实经济发展状况的变化情况而不断调整变动的。

基于对发展中国家的金融发展问题研究，学术界逐渐发展出金融深化论（金融抑制论）。发展中国家实际利率水平低的原因在于国内利率上限和高准备金率等金融管制。较低的利率水平抑制了金融发展，资本和经济增长从而受到限制。金融深化论认为应该取消相关管制，实现金融自由化。然而，金融深化论也受到了一些挑战。20 世纪 60 年代至 80 年代，我国台湾地区、韩国和新加坡虽然实施了金融抑制政策，但经济成效显著。相比之下，拉美国家 20 世纪 80 年代实行金融自由化政策后产生了较为严重的通货膨胀，经济发展受到阻碍，因而学者们得出适度的抑制有利于经济发展这一结论（Wade 等，1985）。Stiglitz（1985）认为金融抑制政策有利于纠正市场失灵。由于市场中信息交易成本高、信息不对称等问题严峻，市场失灵时有发生，而管控利率、准备金要求等抑制政策能够缓解市场失灵，恢复经济发展。因此，加强监管是金融深化成功的基础，辅之以财税、投融资体制等改革就能维持经济稳定，实现各方面协调发展。

金融功能论对金融结构的概念界定不够明确，侧重研究整个金融体系的发展程度和金融体系为企业或个人提供的金融服务功能。该理论认为金融市场的结构对经济的增长没有明显影响，金融的发展对经济增长的作用体现在其所具备的资金融通功能上,也就是说金融体系能否有效发挥功能是实现技术创新和经济增长的关键,金融结构的构成则是次要的,且金融结构对于功能的实现在机制与方式上存在许多不同。Merton(1995)、King和Levine(1993)验证了不同金融结构的金融功能对技术创新的作用存在差异。在银行主导型金融结构下,银行与创新企业之间存在风险共担机制,银行只能将科技创新风险内生化,风险还是积累在银行体系中;而在市场主导型金融结构下,金融机构通过证券交易将科技创新风险分散到投资者手中。相比较而言,金融市场具有更大的风险承受能力,其风险分散机制更有利于科技创新。在信息传递和处理功能方面,金融市场中的投资者通过公开信息披露获得企业创新相关信息,众多投资者在多元决策机制下对企业的创新前景进行重复审查,而银行只能提供"一元审查",但银行在信息处理成本上具有规模效应。相比较而言,市场主导型金融结构在科技创业初期更具有优势,银行主导型金融结构在科技创业后期则更胜一筹。在约束激励功能方面,市场主导型金融结构下过于分散的企业股权体系可能出现"搭便车"行为和经理人控制行为;而在银行主导型金融结构下,银行对企业的控制力相对较强,更有利于发挥银行的监督优势,降低逆向选择风险和道德风险。因此,在市场信息披露不充分、多方观点不一致的环境下,市场主导型金融结构能反映市场发展的需求,更能促进技术创新,从而支持科技创业的前期发展。在科创企业技术成熟后,银行主导型金融结构实现规模经济和范围经济的可能性更大。

一般来说,金融体系通过金融服务(如信息获取和风险管理)来降低交易成本,从而促进科技创业(Levine,1996)。良好的科技创业投融资生态圈具有有效的储蓄动员机制、转化机制和信息揭示功能。科技创业与投融资生态圈的协调发展主要依赖于信息不对称程度的降低,因为信息不对称程度的降低有利于资金的集聚和资本积累,帮助科创企业缓解融资约束,解决研发活动的资金短缺难题。科技创业活动与特定的市场摩擦和交易成本相关,可以通过金融中介机构的活动和特定金融服务的提供来调节,从而带动更多的科技创业活动开展。

第一,金融机构可以降低信息成本。对科技创业活动的投资通常涉及信息获取成本。正确地评估投资项目对于个人投资者来说是困难的,例如涉及的研究人员和管理人员以及整体市场状况都很难进行评估(Levine,1996),而且科技创业企业一旦获得融资,就会产生额外的信息问题。内部人员（如研究人员、管理人员）有动机向外部人员（如投资者）隐瞒信息（Shleifer 和 Vishny，1997）。金融中介通过专业化和"干中学"（learning by doing）可以更有效地获取和处理有关投资机会的信息（Lee，1996），从而降低信息成本，更有可能识别有前途的生产技术专家和创新企业家（King 和 Levine，1993；Blackburn 和 Hung，1998）。个人投资者可以将投资项目的监督和公司控制权的行使委托给金融机构，进而节约相关成本（Levine，1996）。金融机构可以降低信息成本，识别出那些有更好的机会进行创新的企业家，将信贷资金投向那些收益高、附加值高的新兴产业，而失去竞争力的、技术水平低的、附加值低的落后制造业部门及企业则难以获得银行的信贷资金，各种生产要素将不断向新兴制造业、主导制造业转移，从而推动制造业的整体升级。因此，金融发展缓解了信息不对称，减少了监督成本，使对科技创业的投资相对更有针对性，从而也提高了总体创新水平（King 和 Levine，1993；Fuente 和 Marin，1995；Blackburn 和 Hung，1998；Morales，2003）。

第二，金融机构可以降低流动性风险和信用风险。科技创业往往需要长期的资金承诺，这可能为金融机构带来较高的流动性风险。科技创业结果的高度不确定性以及经济衰退、政治危机或其他市场发展会带来与该项目有关的特殊风险。相较于个人投资者，金融机构可以通过专业化和分散化管理来降低科技创业带来的流动性风险和信用风险。一方面，金融机构提供特定的金融工具（如股票）在金融市场进行交易，创新的风险会分散并转移给证券投资者，个人投资者的流动性风险随之降低；另一方面，金融机构可以分散投资，这会减少特定投资项目的风险敞口。

第三，金融机构可以有效促进储蓄率的提高。创新活动通常还需要较高的启动成本和运营成本，而科创企业往往内部资金来源不足，需要足够的外部资金加以支持。如果没有外部资金，科技创业会增加经济效率低下、规模缩小的风险，这可能会限制创新。通过建立金融机构（如银行）来动员储蓄，可以节约储蓄动员的成本。企业处在有效金融市场中时，价格和服务水平的高低反映了真实的金融资产水平，而资金的收益与风险更适配时，资本市场上金融机构的增加能扩大科创企业的融资渠道，表现为资金收益率更高。这些因素相互作用，从而吸引居民将货币存入金融机构提高储蓄率，进而为投资提供重要的资金来源。金融工具（如股票）的创造也可以通过有序放开境外投资来进一步促进储蓄的动员和汇集。金融机构和金融工具可能会促进投资者和企业家之间的经济交易，从而促进他们之间的相互信任。金融机构发挥资金配置作用的资金大多来源于储蓄，储蓄率的提高可以为其提供充分的资金供给，使其充分发挥资金聚集效应，从而获得更多资金用于资金配置，进而影响经济，提高企业的研发投入水平。通过这种机制，金融发展有助于储蓄的流动，能有效地引导创新企业家，而这将会催生更多的创新活动。

三、共生生态

共生（mutualism）的概念起源于生物学，是指不同生物形成的紧密生存、能够互利的关系。袁纯清（1998）将共生的概念运用到社会科学领域，认为共生是在一定环境中按照某种可以共同生存的模式，在相互之间形成的关系。共生的本质是共生单元、共生模式和共生环境这三个要素，所形成的共生理论还包括共生密度、共生界面、共生模式等。叶斌和陈丽玉（2015）基于共生演化模型的平衡点与稳定性条件，对区域创新网络的共生演化过程进行仿真分析。研究发现：第一，创新网络的共生演化阶段取决于共生系数取值；第二，当存在互惠共生关系，也就是共生作用系数为负时，各创新主体之间产生良性的相互受益关系；第三，当存在恶性竞争关系，即共生作用系数为正时，各创新主体之间出现相互消耗的情况，无法共同发展；第四，当存在寄生关系，即共生作用系数为一正一负时，受益方与被消耗方共存，被寄生者是被消耗方。为了减少甚至是避免出现寄生状态、独立发展状态及恶性竞争状态，地方政府可以选择采取财政、税收等政策调控创新创业生态系统中利益驱动与生态平衡之间的关系，促进创业生态系统的良性发展。王庆金等（2016）、欧忠辉等（2017）基于共生演化理论分别探索了区域创新系统演化的不同阶段、路径与机制。他们以区域经济社会发展需求为纽带，围绕技术创新、战略需求、智库建设等方面，认为共生系统的建立需要通过推动知识、人力、技术、信息、资金等要素在系统内部流通和组合，从而充分激发各要素的创新活力，促进形成一个资源共享、优势互补、合作共赢的生态体系。

生态（ecology）原指生物在不同环境中的生存状态，以及生物与环境之间的紧密关系。Isenberg 于 2011 年在研究创业环境中首次提到创业生态圈这一名词（Isenberg，2011）。Feld（2012）、Stam（2015）后续对此进行补充分析，指出创业企业利用外部环境实现价值的创造。此外，相关的概念还有创新生态系统，是指基于系统内部各类主体的互动和竞争，相关主体与其所处的生态环境实现"共生演化"过程的系统（Moore，1999）。

创新生态系统为创新创业提供了环境。创新生态系统由占据不同生态位的企业组成。各企业的生态位是相对应的，因此生态位的调整也是连贯的，而不是某个生态组织的单独行为（Iansiti 和 Levin，2004）。创新生态系统里的参与者可分为三大群体：创新知识研究群体、创新产品开发群体和创新产品推广应用群体。如果三者之间能够保持平衡关系，那么创新生态系统就具有可持续性。在创新生态系统中，创新技术研发和信息的及时性成为创新过程中的关键。

随后，有学者提出了区域创新系统（regional systems of innovation）和国家创新系统（national systems of innovation）的概念。区域创新系统中的成功典范之一是硅谷。硅谷的成功与其所具备的创业精神是不可分离的。国家要想在经济发展中建立起知识驱动发展型模式，就需要先建立区域创新生态系统。而国家创新系统是在经济与科技组成创新网络的基础上，国家内部有关部门和机构间的相互作用推动形成的创新网络。广义的国家创新系统是由经济结构、学习和研究的所有影响因素以及市场系统、生产系统、金融系统等子系统共同组成的。狭义的国家创新系统则仅仅包括参与创新活动的关键人物和组织，是开展创新活动的核心环节，如从事研发活动的相关机构等。Freeman（1987）认为日本的成功发展得益于国家创新系统的建立，此系统在日本战后经济高速发展中发挥了重要作用。Fukuda 和 Watanabe（2008）基于对美国与日本两个国家创新生态体系的比较分析，提出四条创新生态原理：通过替代可持续地发展，通过共同进化而自我增殖，组织惯性和向竞争者学习，异质协同。Tripathi 等（2019）研究的重点是如何建立适合的生态系统，尤其是针对初创公司，将创业生态系统的研究内容分为八个要素：教育、人力资本、技术、金融、人口、市场、企业家和支持因素（support factors），分别研究其对初创企业的直接和间接影响。

国内学者也纷纷开展了相关研究。黄鲁成（2003）在研究技术创新生态系统的时候将其定义为技术创新的生态环境与组织之间相互依存、相互作用的系统。科研机构与企业共同构成了从事技术创新活动的主体。技术创新的主体通常服务于技术创新活动，但它们并不是活动的直接参与者，如政府以及学校等科研机构。自然环境、人文环境和物质基础共同组成了技术创新的复合环境。其中，自然环境能够制约技术创新；人文环境的作用主要体现为营造创新观念氛围、政策引导等；而物质条件涉及基础设施、风险资金、技术状况、创新人才及创新网络等多方面。新创企业与其发展的创业环境共同构成了创业生态系统，具有资源汇聚、价值交换、平衡调节三大机制，三者之间相互依存、共同发展，形成了一个动态的平衡系统。这三大机制之间存在逻辑递进关系：资源汇聚机制为创业活动的资源获取提供便利；价值交换机制促使创业活动不断扩展，与共生系统紧密联系；平衡调节机制促进整体创业生态系统的协调发展。三个不同层次的机制体现出创业生态系统是以自然生态系统的特征和结构为基础模拟出的创新体系。林嵩（2011）从生态学角度入手，构建了创业生态系统这一概念，他指出创业生态系统的发展基于创业活动的独特属性，认为创业活动是一种有生命力的、有组织的活动，它的发展过程遵循大自然中优胜劣汰的自然规律。曾国屏等（2013）对创新理论研究的历程进行了回顾，说明了从"创新系统"到"创新生态系统"发展的原因，进而对创新生态系统的概念做了界定，指出创新生态系统具有动态性、栖息性和成长性的特征，建议政府建设和完善创新生态系统，进而落实创新驱动发展战略。张玲斌等（2014）从协同效应入手，研究创业生态系统的种间协同对企业绩效的影响，结果表明：政府与企业之间的协同发展对企业的影响仅仅停留在企业的成长性上，未能帮助企业提升盈利绩效，这说明我国的创业生态系统发展具有一定的缺陷，政府对科创企业的政策扶持未能提升整个社会的经济效益。李万等（2014）对创新范式3.0的理论基础进行了梳理，认为当前创新范式3.0的核心是创新生态系统的建立和培育，主要特征表现为系统内部多样性共生、自组织演化及开放式协同。我国当前正大力推行创新驱动发展战略，须重视和引导创新生态系统的建立，政府需要探索和提升自身管理创新能力与治理能力。孙冰等（2016）基于多层分析框架对创新生态系统的演化进行了研究，提出一项新技术的出现会经历技术保护期、市场选择期和竞争扩散期，并以深圳新能源公交为例，探究了创新生态系统背后的演变规律。项国鹏等（2016）从生态视角和网络视角两个方面对创业生态系统的概念进行了介绍，并对该系统的理论模型进行了分析和比较，分析了该系统动态模型的作用机制，指出系统内部的构成要素需要协同发挥作用。陈海涛等（2018）通过构建创业生态系统的共生演化模型，探究了创业生态系统的平衡点和稳定条件，并以中关村为例对模型进行了验证。杨明海等（2018）基于各省面板数据，对区域创新系统的绩效进行了评价。

第二节 文献综述

本部分首先综述科技创业投融资生态圈的相关文献，然后就推动科技创业投融资生态建设的三个主体（债权人、股权投资者和政府）分别进行综述。

一、科技创业投融资生态圈

科技创业投融资生态圈是一个总称，包括所有可以产生科技创业投融资的动机、决定和行动的外在要素。

白钦先（2001）认为经济行为会在一定程度上受到金融生态环境的制约，并且主要受限于金融生态环境的容量及"净化"能力。

袁纯清（2002）将城市商业银行改革和共生理论结合起来，明确了金融共生理论的概念，同时采用理论分析对城市商业银行改革进行更加深入和透彻的探究。他认为具有非间断和对称性特征的互惠共生是目前最合适的金融共生模式。共生的条件通常有许多，银企关系与这些条件高度相符。银企共生单元相互间需要进行信息、物质等的交换和传送，而经济法律制度为其提供了必要的通道，共生界面和共生重要环境是非对立的关系。

徐诺金（2005）将金融生态明确地定义为金融的各种组成部分出于生存发展的目的，与外部环境分工合作、相互协调，长此以往形成紧密联系，能够实施一定程度互助功能的动态平衡系统。

张志元等（2006）首先通过理论分析推导城市金融生态系统最佳状态和发展效应的影响因素，然后联合城市金融生态的实际发展情况对理论结果进行验证，得出结论：现实发展中的影响因素远比理论因素更加复杂。

Demirguckunt等（2008）使用了80个国家的企业级调查数据，通过回归分析和有向无环图（DAG）方法进行研究，发现融资约束是影响企业价值增长的边际障碍之一。

周小川（2009）利用金融生态环境阐释金融体系的发展及其与社会环境间相互依存、相互影响的动态关系。他认为金融机构自身内在的运行机制并不是金融生态。金融生态是指金融体系的一些外在环境，是能够维持金融运作的必备条件，如金融业成长发展所需的外在因素和面对外部环境改变时的自动调节机制。

闻岳春和周怡琼（2009）认为技术创新投融资的金融生态环境是指技术创新型企业在投融资过程中所需的必要外部环境，该环境中存在的各类主体和因素之间密切联系、相互作用，形成一个有机系统。生态环境的主体（核心圈）包括政府、金融机构和技术创新型企业。生态环境圈可以分为两部分：一是内部环境圈，主要包括政府颁布的政策和各类资源（资金、人才和技术）；二是外部环境圈，主要包括与技术创新投融资有关的各类主体，如金融机构、担保机构、中介机构、法律主体等。

沈超（2009）认为自主创新投融资环境需要发挥各种要素的优势，使其相互协调促进，才能形成一套完整的制度，使投融资环境进一步完善。他在研究中构建了一个较为系统的投融资环境，包括企业、金融体系、政府机构和社会资本等多个主体。各投融资主体共同构成一个互动性强、互相制约的复杂系统。

单薇（2009）从四个方面来界定科技投融资生态环境的要素，即科技投融资、经济发展、科技创新和社会法治环境。该研究构建了评价科技投融资生态系统的指标体系，该指标体系包括目标层、准则层、指标层。在该指标体系的基础之上，该学者通过主成分分析方法先对指标进行降维处理，再计算各指标的综合值，运用定量分析方法来研究科技投融资生态系统。此外，该学者从定性的角度考虑科技投融资生态系统，认为这样的系统存在三个特征：参与系统建设的每个主体产权明确、权责利有效结合，组建的框架具有效用，主体之间不只有竞争关系，还有互相协调、互助共生的联系；科技投融资系统与其生存所需的外部生态环境之间不断相互传递优质物质和能量，形成良性循环；科技投融资系统在一定的政治、经济和法律状况下拥有清晰的制度结构特征。

Chavis等（2010）利用100多个国家的70 000多家公司的数据集，系统地研究了初创公司、年轻公司与成熟公司的融资来源和融资特征。结果发现，在所研究的公司中，较年轻的公司较少依赖银行融资，而更多地依赖非正规融资。在法治完善的国家，较年轻的公司使用更多的银行融资。法治和信用信息对银行融资有正面影响。成熟公司可以依赖其他机制，如更高的知名度、历史纪录、声誉等，而不太依赖法治来获得银行信贷。研究结果表明，更好的法治和信贷信息基础设施对于年轻公司增加使用正规银行融资和减少使用非正规融资非常重要。

胡登峰等（2011）认为研究技术创新投融资金融生态环境的指标选择可以从生态工程学的分类方法中获得灵感，对其递进分层，分为核心圈、内部环境圈和外部环境圈三个部分。文章还对安徽省的技术创新投融资生态环境进行指标评价，得出 2004—2009 年安徽省技术创新环境的发展总体呈上升趋势，对其促进作用最明显的两个因素分别是知识产权保护程度和金融机构贷款额度。文章在最后提议，在具体运作过程中可以适度指引金融机构朝着多元化方向发展，为技术创新型企业提供良好的融资环境，包括进一步开拓新的融资渠道、重视保护知识产权以及创造良好的技术创新保护环境。

胡登峰等（2012）认为我国技术创新型企业普遍存在融资困境，其中主要的原因是整个技术创新投融资环境不具备完善的条件。要想实现技术创新企业的健康有序发展，必须为企业营造出一个氛围良好的投融资生态环境。

魏志华等（2012）认为金融生态是指金融运作过程中必需的外部环境，主要包括宏观层面的经济法制环境、信誉环境、市场环境等，这是利用生态学的定义来生动形容金融的外部条件。

尹海英等（2012）分别从制度和文化的视角来研究创业投资金融生态环境，对金融生态环境的各组成部分相互间的作用机制以及这一环境对创业投资的作用机制进行阐述。创业投资金融生态环境可以分为两大类，即制度环境和文化环境，二者协同组建了创业投资金融生态环境。此外，文章还分析了目前我国创业投资所处金融生态环境存在的一些关键问题，并从时间线上提出了解决问题的建议：短期主要从制度方面入手，加快制度完善的步伐；中期加大文化方面的宣传和培养；长期达到制度和文化的动态均衡，形成良好的金融生态环境。

方先明（2013）认为金融生态是指在一定的金融制度背景下，影响主要主体参与金融运行的因素所组成的错综复杂的体系，是指微观视角下的金融环境。

吴勇民等（2014）认为在产业共生背景下，金融产业与高新技术产业是共存关系，两者共生演变。金融产业对高新技术产业的影响机制包括融资机制、风险分散机制和信息审查机制；高新技术产业对金融产业的影响机制包括投资回报机制、金融需求创造机制和金融技术供给机制。对金融产业和高新技术产业进行研究分析得出，两者在演变过程中不断交流互动，对彼此产生影响，且演化渠道存在交汇。同时，文章利用我国1995—2012年的数据，运用 Logistic 模型分析两者共生演化的联系。研究结果表明：Logistic 模型能精准地描绘金融产业和高新技术产业之间的共同生存与演变历程，两者的共生模式处于非对称性互惠共生演化阶段；在演变历程中两者相互作用影响不一致，利益分派也不均衡，相比较而言高新技术产业对金融产业的影响更大。

孙晓华等（2015）在企业研发投资决策模型中引入金融发展变量，通过工业企业的省际面板数据进行实证研究。研究发现，金融发展可有效缓解企业研发投入对内部资金流的约束，对企业研发活动提供资金支持。

逯进和朱顺杰（2015）提出金融生态是一个可以进行自动调控的体系，在遇到外来冲击时能自我恢复和调整。在这样的系统中，参与金融活动的组织和其他所有能够对系统造成影响的外部环境要素之间能够相互协调影响。

张华（2016）构建了科技金融生态系统的框架结构，并着重研究系统内各创新主体之间的协同创新机制。他将系统内的主体分为科技创新主体、政府主体和金融资本主体。科技创新主体是科技金融生态系统的创新发起者；政府主体是系统内提供制度规定和市场环境监管的服务者；金融资本主体是系统内的关键要素，是构成科技金融投融资网络的投资者群体，包括银行、贷款公司、基金公司等金融机构。三大类主体通过合作实现协同创新的生态机制。

王仁祥和黄家祥（2016）对科技创新与金融创新耦合内涵进行界定，提出二者之间存在共生性、联动性和风险性三个特征，并结合实际情况指出科技创新与金融创新的耦合模式可以分为泛耦合、内部化耦合、直接耦合、平台耦合和一体化耦合五种模式。

孙金云和李涛（2016）在创业理论、生态共演理论的基础上，对国内外创业生态圈进行了探索性研究，将创业生态圈界定为以企业家创业为中心，由互相支撑的人群、组织、机构等帮助企业实现发展与成长的目标，以共同创造价值为目的的有机共同体。创业生态圈的组成要素包括基础要素和结构要素。其中，基础要素包括创业活动开展的文化环境、制度环境和市场环境；结构要素包括各类所需要的资本要素，如人力、金融和研发等。生态圈的共演机制需要基础要素的推动以及结构要素的共生与自洽。

刘曦子等（2017）研究分析了互联网金融生态圈，着重阐述了互联网金融生态圈的概念、特征和一些重要因素，并试图从商业生态系统的角度来展开对互联网金融生态圈的研究。文章对互联网金融生态圈与电子商务生态系统之间的影响关系进行了探究，在此基础上提出在互联网时代背景下大数据、云计算等新兴技术可以作为互联网金融生态圈的底层支撑技术，线上支付平台和信用平台则作为基本条件。互联网金融生态圈的重中之重是集合个性化的、多样的种群部落，并能够供应多元化的新金融产品或专业化服务，战略方向是达到生态圈中所有参与者共赢的目的。

陆岷峰和葛和平（2018）认为各类金融企业考虑自身发展现状时会与其内部组成机构以及外部所处的环境之间形成长远的紧密联系和相互影响，在相互交织过程中形成一个动态均衡的体系，该体系即可称为金融生态。

刘湘云和吴文洋（2018）基于演化经济学理论，对科技金融与高新技术产业间的协同演化关系进行研究。研究得出，科技金融与高技术产业通过竞争合作、风险分担、信息共享、交互学习等机制，实现了协同效应和良性发展。

狄方馨（2018）以科技型企业为研究对象，探讨外部金融生态环境对其研发投入的影响。文章首先通过构建包含经济金融发展水平、社会制度保障水平和开放程度等多个因素在内的外部生态环境，建立了金融生态环境对科技企业研发投入的影响因素模型，然后通过对2008—2016年的数据回归分析得出结论：外部金融生态环境的完善与科技企业的研发支出具有显著的正相关关系，更好的外部金融生态环境为科技企业提供了更好的融资来源和更大力度的研发支持。

孙立梅等（2018）认为金融发展的内涵可以从三个方面来阐述，即金融发展的规模、银行业机构和金融生态环境。文章采用因子分析法对每个省的技术创新水平进行度量，进而对比在不同区域金融发展与技术创新之间的联系。

李正卫等（2019）认为在创业生态系统中政府的参与对科创企业的发展与成长至关重要。文章以杭州梦想小镇为例，以治理理论为基础，对政府参与进行了分析和讨论。政府通过补助、资助和期权三者结合的模式为科创企业的发展提供管理服务。研究得出，政府参与治理是一个动态演化的过程，政府在科创企业发展的不同阶段扮演不同的角色。

沈陆娟（2020）从促进乡村振兴的角度入手，研究乡村创业生态系统的发展对乡村经济发展的推动作用。她以美国艾奥瓦州的北爱荷华社区学院（NIACC）为例，研究其创新创业生态系统在促进乡村经济发展中所起的作用，得出结论：一是我国创业生态系统的组织架构需要发挥集中的职能，便于工作的展开；二是创业生态系统内部的产业发展需要遵循因地制宜的规则，充分利用当地的优势，提升乡村经济实力；三是在融资方面需要破除壁垒，通过打通融资渠道，降低融资成本。

王渊等（2020）基于我国"双创"生态圈的发展现状，使用模糊定性分析法和耦合分析法对"双创"生态圈的环境发展情况进行评价，并以陕西省的"双创"生态圈为例，指出其在产业集聚程度方面还不够，"双创"的文化底蕴薄弱，文化之间的耦合还不够，基于此，对其"双创"环境的优化提出了建议：一是以产业发展为主导，完善市场金融环境，以人才战略辅助，推动"双创"生态圈发展；二是加强文件环境的建设，完善"双创"生态圈发展所需的软环境；三是推动"双创"生态圈的环境向耦合型发展，实现软环境和硬环境的相互耦合发展。

二、科技创业投融资生态圈：债权融资

债权融资与企业创新的关系不仅在理论上有争议，客观现实中也存在差异。

一些学者认为，以银行信贷融资为代表的债权融资可能会阻碍创新。Stiglitz（1985）认为债务合同的结构与回报率具有不确定性和波动性的创新型公司之间并不适配。Rajan（1992）认为，银行会采取措施间接阻碍企业创新以减少企业经营的不稳定性，常用的方式是索取信息租金以及保护经营时间长久的企业。通过获取有关公司的内部信息，银行可以从公司中获取信息性租金和大量利润，从而减少公司对长期创新项目进行投资的动力。King和Levine（1993）认为创新能力强的企业可以通过金融市场进行直接融资，因为企业的创新风险会分散并转移给证券投资者，而且证券融

资可以解决创新企业资金短缺的问题,所以金融市场的风险管理功能有利于企业创新。相比较而言,银行的风险更加集中,因而银行会规避高风险项目,选择那些潜力较大的、远期价值较高的创新项目。Weinstein 和 Yafeh(1998)进一步表明,信贷市场不太愿意进行风险投资,更倾向于稳健性投资,这使企业对创新项目的投资意愿降低,甚至停止已经在进行中的项目。Allen 和 Gale(2000)比较了银行和资本市场在处理信息上的差异性,指出资本市场对于不成熟的技术创新更具有信息甄别能力,而对于成熟的技术创新,银行更有效率。张璇等(2017)指出信贷寻租和融资约束对企业创新有明显的抑制作用,而且企业的融资约束会因信贷寻租而增强。因而,加强金融体系的市场化改革会更有利于科技创业。

一些学者认为,良好的银企关系和金融生态可以促进科技创业。Hsu 等(2014)比较了不同国家的股票市场和银行信贷对创新的影响,研究发现:在股东保护程度较高的国家,股票市场发展对创新的正面影响更大,而在债权人保护程度较低的国家,信贷市场发展对创新的负面影响更大;对投资者的更强保护减轻了公司经理与投资者之间的代理问题,从而鼓励了创新;新兴市场国家股票(信贷)市场发展对创新的积极(消极)影响大于发达国家。

何自力和徐学军(2006)提出银行和企业的融资关系和谐的根基在于形成互惠互利关系。文章以共生理论的基本原理为基础,从利润(能量)分配、市场准入、信息传输、阻尼特征、共生序特征五个角度出发,研究了银行和企业共同发展的参数与结构,并在此基础上对参数的量化和计算方式进行阐述,结合共生理论量化研究银行和企业之间的联系,同时采用实证方法对银企关系的效用进行验证,基于研究结论提出了如何促进银行和企业之间的良性互动,使两者得以和谐共生的建议。

刘博等(2016)利用2002—2013年间2 011家A股上市公司的相关数据实证研究了不同的债务融资方式对企业创新的影响。被解释变量采用专利申请量作为衡量企业创新的因变量,解释变量使用银行借款占总债务的比例,即银行借款/(银行借款+应付债券+应付票据)作为企业关系型融资的比例。研究结论为:企业融资路径和技术创新呈现明显的相关关系;关系型融资占债务的比例越高,企业的技术创新水平越低,最重要的原因是相较于关系型融资,交易型融资更能提高企业的技术创新水平;同时,银行之间的竞争越激烈,企业通过银行融资获得的资金投入技术创新的比例越高。最后，针对模型可能存在的内生性，研究者选取了适当的工具变量进行内生性检验，结论仍旧成立，说明研究结论是稳健的。

蔡竞等（2016）将银行分为国有大型商业银行、股份制商业银行和城市商业银行，收集了商业银行各地区支行数据和2005—2007年的中国工业企业数据，通过实证来分析企业所处地区银行竞争度对企业创新的影响。银行竞争度用赫芬达尔指数和前四大银行集中度指标来代表。研究者用研发投资决策和研发投资密度来衡量企业研发创新行为。研发投资决策为虚拟变量，若企业的研发投资金额大于零，则取值为1，反之则为0。研发投资密度则用研发投入金额占销售收入的比例来表示，研发投资密度与企业的研发创新活跃度呈正相关关系。实证结果表明：银行间激烈的竞争能够促进企业的研发创新活动，特别是在中小企业中；在不同性质的银行中影响效果不一，相较于股份制商业银行，其他两种性质的银行中竞争性的结构对企业技术创新的影响较小。通过实证研究法和比较研究法得出的这些研究结果不仅丰富了研究银行结构与企业创新之间关系的文献，而且进一步为我国地区金融市场的平衡健康发展提供了理论支撑。

王旭等（2017）以治理二元性理论和企业生命周期理论为基础，从理论角度分析了银企之间债权融资关系中关系治理、契约治理与创新绩效的联系，并以此为基础，收集了高科技上市企业的数据，通过实证分析了关系治理、契约治理与创新绩效的联系。研究结论主要为三点：一是企业创新活动会给银行带来一定的风险，主要包括环境风险和道德风险；二是关系治理的主要原因是创新溢价，相较于为了降低风险而采取的债权契约治理，关系治理更加具有包容性，更能够促使企业坚持创新投入；三是契约治理和关系治理在企业不同发展时期的作用效果不同，企业处于成长期时契约治理效果更好，企业处于成熟期时关系治理的促进效果更明显，企业若处于蜕变期，则这两个治理机制都不利于企业的技术创新。

蒋艳等（2017）在银行股权关联、高管权力对企业技术创新的影响的相关理论的基础上，通过实证分别分析这两者对企业创新的影响，同时也研究了两者对企业创新的协同效果。研究结论为：第一，银行股权关联与企业技术创新呈现正相关关系，且在不同性质的企业中促进效果不同，在民营上市企业中效果更明显；第二，基于管家理论，在制造业上市企业中高管的职权越大，其对企业创新的影响就越大；第三，文章按照高管权力高低将企业分为两组，结果发现在高管权力高的组别中，银行股权关联对企业创新没有什么影响,而在高管权力低的组别中银行股权关联与企业创新保持高度显著正相关关系,这说明了银行股权关联对企业创新的促进作用会受到高管权力高低的影响。

何婧等(2017)将沪深 A 股上市公司作为研究对象,收集了 2008—2014 年间的银行与企业数据,探究银行竞争强度对企业融资约束的影响以及不同规模的企业受影响程度是否存在差异。实证设计方面,文章采用 PR 指数(收入对要素价格变化弹性的和)衡量银行市场间的竞争程度,采用企业创新投入对现金流的敏感性衡量企业融资过程面临的约束程度。研究结果显示:银行市场的竞争越强,企业融资环境越宽松,即融资约束越小;反之,银行市场的竞争越弱,企业融资环境越紧张,即融资约束越大。此外,企业规模对于银行市场竞争对融资约束环境的影响具有调节作用。中小型企业中这种影响程度会更大,提高银行间的竞争力度更能缓解企业融资困境,改善企业融资环境。

孙立梅等(2018)通过因子分析法构建创新水平的指标,使用静态面板模型从金融发展的规模、银行业结构和金融发展的生态环境三个角度入手,研究区域金融发展对创新的可能影响,得出结论:一个地区的金融发展水平与创新之间呈现正相关关系。股票市场越发达越有利于创新,而商业银行的促进作用相对并没有那么明显,并且银行业之间的竞争程度越低,对创新水平产生的负面影响越大。

张璇等(2019)在已有研究的基础上,以中国工业企业为研究样本,从融资约束的角度深入研究了银行业竞争程度对企业创新产生影响的具体机制。银行之间的竞争程度提高,可以降低企业研发活动面临的资金短缺问题。学者们进一步对异质性研究发现:当企业属于对外部融资依赖度较低的行业时,这种影响就越明显;当企业是民营企业或者小型企业时,这种影响就越明显;当企业处于市场化水平较高的地区时,这种影响就越明显,这可能是因为市场化程度高的地区银行之间的竞争更大,提高了企业的融资可获得性;当企业处于法治环境较好的地区时,这种影响就越明显。

林毅夫等(2019)实证检验了我国银行业框架与产业发展的联系,结果发现金融业的发展对经济发展的促进作用并不显著,甚至在近两年出现了负向影响,这说明我国目前金融系统的金融资源分配不合理、不公平。实体经济需要的资源得不到有效配置和利用,导致金融业发展水平提高而实体经济没有因此获益和发展的现象发生。文章最后从银行角度提出了建议，希望可以加速中小银行本地和跨区域发展的步伐，更加便捷有效地支持劳动密集型、规模较小但具有发展前景的产业的融资需求。

张征华等（2019）选取 A 股制造业上市公司的数据来探究银行股权关联和企业创新投入之间存在的联系，以双元创新理论为基础，将企业创新投入的方式分为探索式和开发式两种模式，通过实证来研究银行股权关联对两种不同模式下创新投入的作用效果是否有所区别。文章认为：银行股权关联能够明显促进企业的创新投入；探索式和开发式创新投入的作用效果不同，银行股权关联对企业开发式创新投入的影响效果较弱；银行股权关联促进非国有企业创新投入比促进国有企业创新投入的效果更显著，尤其是探索式创新投入模式。

黄卫平等（2019）对商业银行投贷联动业务服务于科技型中小企业的已有研究进行了综述。文章中所提到的投贷联动是指在符合法律规定的条件下，我国各大商业银行通过与股权投资机构达成协议，或者成立子公司，采取股权和债权相融合的方式给予科技型中小企业资金支持的一种创新业务。投贷联动常见的业务模式有直接投资模式、商业银行与境外子公司联动模式、商业银行与风险投资机构合作模式、合资银行模式等。

戴静等（2020）指出，已有研究主要关注企业创新的整体层面，未能考虑企业内部的结构，认为银行业提供的信贷资金是否流向了效率高的企业是创新能力提升的关键。学者们以中国工业企业为研究对象，探究了银行业的市场结构对企业创新的作用。研究结果表明，随着银行业竞争变强，企业的创新产出得到了提升。进一步对影响机制进行验证发现，从企业异质性的角度来看，这种影响在非国有企业和中小企业中更为明显。从企业创新行为异质性来看，这种正面影响的实现得益于更多高效率企业致力开展研发活动。

李真等（2020）认为以商业银行为代表的间接融资渠道相对难以满足制造业企业对资金的需求，这主要是因为商业银行的信贷配置（追求短期收益）与企业研发活动（高风险特性）之间存在着期间不适配的问题，而直接融资市场提供的资金通常与研发活动可以更好地匹配，所以文章从企业外源融资中直接融资占比的角度，研究其是否可以缓解企业在开展创新活动时面临的资金短缺问题。研究结果表明，企业外源融资中直接融资占比的上升可以缓解企业创新活动的资金短缺问题。进一步对企业异质性分析发现，这种缓解作用在非国有企业和新兴制造业中更为明显。

三、科技创业投融资生态圈：股权融资

目前我国的资本市场仍存在许多结构性问题，科技创业企业不能积聚到能够满足自身发展需要的资源，且企业间存在竞争，有着高强度的融资约束。在科技创业过程中，科技创业企业往往因为缺乏资金资源和管理能力而夭折。相比于其他投融资机制，很多研究者认为风险投资更能激励和促进科技创业。第一，风险投资机构在寻找投资项目时，更看重项目的长期投资收益，所以偏好对科创企业进行投资。研发活动需要持续、稳定和大量的现金流作为保证，所以科创企业的研发活动可以依赖风险投资机构提供的资金来缓解自身的融资约束，降低融资成本，进而促进企业创新。第二，风险投资机构对被投资企业的持股比例达到一定水平时，一般会派遣董事对投资后的企业进行经营管理，为被投资企业带来先进的管理经验，有助于提升被投资企业的治理水平（Sahlman，1990；Hsu，2006；Bottazzi 等，2008；Celikyurt 等，2014）。第三，风险投资机构拥有遍布市场的关系网络，可以更好地利用资源为被投资企业创造新的研发机遇，提高研发效率，增加企业研发成功的概率，并降低技术从研发到进入市场的时间成本（Lerner，1994；Lerner，1995）。第四，风险投资的介入意味着向公司内部成员和外部关联者传达企业的价值或者运营方式得到认可的信息，原材料提供商或者市场认为该企业可能具有良好的发展前景，投资者会长期看好被投资企业，从而使企业的外部融资渠道进一步得到扩充。同时，风险投资的介入对内能够鼓励员工的工作创新积极性，对外使企业更容易招聘到高素质人才参与创新研发，提高企业研发成功的概率（Davila 等，2003）。风险投资被认为缔造了 20 世纪 80 年代美国的"硅谷神话"，学者们长期对此保持高度关注。

田增瑞等（2009）具体阐述了风险投资（VC）和私募股权投资（PE）的概念以及两者之间的内在关系，以此为基础延伸到目前普遍的 VC 和 PE 共同生存发展的现状，并详细分析了两者的共生现象，进一步从产业链的视角研究了 VC 和 PE 产业链的发展问题。

米建华等（2010）的研究探讨了创业投资对技术创新的影响机制，并分析创业投资能够带来技术创新现象集群发展的作用机制。文章认为创业投资不仅为创新创业企业注入充足的资本金，还能提供创新人才资源和技

术资源的集聚，这就有效助推了创新创业企业的起步、发展和后续扩张。从事创业投资的专业投资机构一般都具有丰富的经验和充足的资本，会构建多项目同时进行的投资网络，众多创新创业企业在创业投资的扶持下就形成了集聚现象。米建华（2013）进一步研究得出，创业投资推动技术创新的原因在于创业投资具有创新发现功能、创新加速功能、创新产业化促进功能及创新风险分散功能。同时，文章还分析研究了长三角地区创业投资与技术创新的发展现象，提出创业投资、技术创新和创新产业化进行合理分工与合作，从而在长三角区域内形成以创业投资为推动力、以技术创新和产业化为最终目标的区域协作与分工体系的建议。

陈艳（2014）对风险投资影响企业创新进行了一个较为系统的研究。考虑到风险投资机构在选择企业时会倾向选择创新表现比较好的企业，所以该学者在实证研究时选择倾向得分匹配法降低系统性差异带来的内生性问题，结果发现风险投资背景对企业创新会产生积极作用。在此基础之上该学者研究了风险投资机构参与程度的不同、异质性的特征以及自身投资策略的不同对企业技术创新产生影响的区别，发现外资背景的风险投资机构对企业创新产生的正面影响较政府背景的更为明显；而风险投资机构的资金投入规模存在一个最优规模，并非越大越好。

Tian等（2014）基于由风险资本支持的上市公司的样本研究了对失败的容忍度是否会刺激企业创新。研究发现，由更多具有容忍失败能力的风险投资人支持的首次公开募股（IPO）的公司具有更大的创新能力，而对于那些承受高失败风险的企业而言，风险容忍度尤为重要。文章还研究了风险投资公司的容忍失败能力的横截面异质性的决定因素，发现资本约束和职业忧虑都会负面影响风险投资公司的失败容忍度。经验不足的风险投资公司更容易受到这些因素的影响，因此，与成熟的风险投资公司相比，它们对失败的容忍度更低。

金永红等（2016）认为，前人在研究风险投资背景对企业创新的影响时，对企业创新的衡量指标有研发投入和研发产出，却少有研究对企业创新投入效率（通过增加研发投入进而提升企业价值）的影响进行研究，结果发现，风险投资背景会对企业创新投入效率产生正面影响，也就是说，在有风险投资背景的情况下，企业增加研发活动的支出对企业价值的提升有积极影响。

陈思等（2017）基于前人对风险投资的研究，对风险投资影响企业创新产出的作用机制进行了验证，通过使用双重差分模型和倾向得分匹配法研究被投资企业和未被投资企业之间的系统性差异，探究了风险投资对企业创新绩效的可能影响。实证发现，风险资本的参与在一定程度上促进了被投资企业创新能力的提升。进一步研究发现，这种正面影响是因为风险投资机构为被投资企业带来了先进的管理经验、相关行业资源以及高素质研发团队成员。此外，研究者建议政府对风险投资进行政策支持，可以建立政府引导基金，激励社会资本参与科创企业的投资。

马宁等（2017）基于创业企业的智力资本特点，对智力增值系数模型进行改进，并从联合风险投资的角度实证检验风险资本与智力资本的协同效应。实证结论为：联合风险投资对于企业人力资本、社会资本呈现显著积极效应，能促进两种资本的有效积累，明显提高企业的资产利用效率和股东权益回报率，但对结构资本和创新资本并没有显著影响。研究者认为，联合风险投资本身具有巨大的人脉和社会关系网络，可以利用这个优势为企业提升价值。另外，建议风险投资机构主动引领或者帮助创业企业进行战略谋划和建立积极的创新激励机制。

陆瑶等（2017）针对风险投资中联合投资行为对企业创新的影响进行了研究，并从风险投资机构异质性的角度研究其对企业创新的不同影响。从成功经验、风险投资类型、提供资金类型和金额四个方面衡量风险投资机构的异质性，结果发现，联合投资的风险投资机构对企业创新的正面影响要优于单独投资的风险投资机构。进一步研究发现：考虑风险投资机构的异质性时，如果联合投资内部的风险投资机构之间的差异较大，而投资形式差异较小，那么这种正面影响就越明显；联合投资中处于领导地位的风险投资机构对被投资企业的持股比例和自身规模越小，那么这种正面影响就越明显。

方嘉雯等（2017）运用社会网络分析法研究了京津冀城市群创业风险投资的时空分布特点，在此基础上采用引力模型和计量分析模型解释京津冀城市群创业风险投资时空分布的影响机制。京津冀城市创业群风险投资的时空分布特征主要有四点：第一，创业风险投资金额表现出无序的周期变动；第二，创业风险投资金额在空间分散中表现出明显的不平衡性；第三，创业风险投资网络分布以北京为中心，呈现出高密度性，且密度向四周递减；第四，创业风险投资在创业项目的不同实施阶段的影响不同，但存在周期性。文章通过引力模型和面板回归模型来研究创业风险投资时空分布的影响机制，筛选出五种影响创业风险投资城市网络结构形成与演化的因素：城市经济发展水平、第三产业发达程度、信息基础设施发达程度、综合创新能力和金融环境发展水平。研究结果表明，京津冀城市群的信息基础设施发展水平和经济发展程度能促进创业风险投资；而金融发展水平、服务业发展水平、创新创业能力多方面不足与创业风险投资强度呈现弱相关性。

成果和陶小马（2018）从风险投资机构的背景出发，研究政府背景的风险投资机构对企业创新可能的影响，认为政府背景的风险投资机构主要是为了解决市场失灵问题，而私人背景的风险投资机构主要是为了获取利益。实证发现：政府背景的风险资本介入可以推动企业创新，但是存在一定的逆向选择问题，即创新绩效差的企业更容易获取政府背景的风险投资机构的资金支持；而私人背景的风险投资机构不仅不会产生促进作用，还会抑制企业创新投入。进一步研究发现，当政府背景的风险投资机构是控股形式时，就会产生逆向选择问题，而当其是参股形式时，就是单纯的正面影响。文章最后提出建议：政府部门在风险投资中应当主要起引导作用，不需要过度介入。

孟方琳等（2019）认为创业投资逐渐由政府主导模式向市场主导模式演化，呈现一种渐进式的发展，推动了我国经济在创新方面的进展。文章基于美国创投体系的转变过程，从新制度经济学角度研究得出：创投体制其实是制度供求关系转变的对弈，我国创投体制的演化遵循制度构建、试错、比选、锁定和完善的逻辑过程。文章建议我国应该改善创投发展的外部环境，如政策因素，鼓励大众创业、万众创新，建设开放共享的创新生态系统，促进有中国特色的国家创新体系建设。孟方琳等（2019）从演化经济学视角总结了我国创投体系演化的经验，提出创投体系推动演化的因素是资本积累和科技创新，创业风险投资体制的建立是制度供求关系转变的对弈历程，创业投资体制在不停的试错、学习与创新中逐渐完善。

张岭等（2019）研究了科技创新企业在创新进程中存在的风险特点和资金需求，并进一步分析了不同阶段风险投资对科创型企业创新决策的影响机制。研究结论为：风险投资能对投资项目进行筛选，对企业的治理能力进行有效监督，采取分时分段投资战略可以承担技术试错的风险，企业也可以因此提高创新积极性，促进科技创新。文章对风险投资机构提出以下建议：第一，适当提高风险容忍度；第二，适时适地引入风险投资战略；第三，采取分多次、一次少投的阶段性投资战略；第四，设立风险投资行业的风险补偿基金。

董屹宇和郭泽光（2020）关注风险投资机构在被投资企业IPO后退出对被投资企业可能产生的经济后果。文章选取中小板和创业板的企业进行研究，以有无风险投资机构退出作为处理变量，运用双重差分模型降低内生性研究风投退出对企业创新的可能影响。结果表明：第一，风险投资机构退出后，企业的创新投入明显减少，这可能是因为风险投资机构的退出加剧了企业面临的融资约束，从而对企业的创新投入产生了负面影响；第二，若被投资企业的董事会独立性较高，这种负面作用可以得到一定程度的缓解，这可能是因为在独立董事较多的情况下，企业的重大战略就不会被单方面决定，公司的治理水平因而得以提高。

李胜楠等（2021）在前人研究的基础上，从风险投资机构的退出时机这一角度入手，将风险投资机构的动机分为尽快退出被投资企业（孵化型风险投资）和长期持股被投资企业（战略型风险投资）两种。文章以中小板和创业板的公司为研究样本，这些企业往往处于成长期，具有相当好的发展前景，风险投资机构比较青睐这些企业。研究发现：战略型风险投资可以对企业的突破式创新产生正面影响，这是因为风险投资机构对被投资企业的长期持股说明其更关注企业的长期成长价值；而孵化型风险投资更关注企业的实用型创新，与其动机更加匹配。进一步对影响机制进行验证发现：这种正面影响的产生是因为风险投资机构缓解了融资约束，发挥了对被投资企业的监督效应。

随着对风险投资研究的逐步深入，也有学者（Engel 和 Keilbach，2007；Caselli 等，2009；邓俊荣和龙蓉蓉，2013；苟燕楠和董静，2013；Arvanitis 和 Stucki，2014）提出风险投资会不利于企业进行创新的观点。这些学者认为企业创新的风险比较大，且投资回报期长，风险投资机构迫于业绩与投资回报期，在短时间内获得利润的目标与企业创新所需的较长周期产生矛盾。并且，我国证监会对拟上市企业的经营业绩有明确的连续三年净利润为正且累计不低于3 000万元、营业收入累计超过3亿元等硬性指标。风险投资机构倾向于追求在被投资企业首次公开募股后退出，以实现利益最大化，侧重点将从原来的提高创新创业绩效转变为经营管理、拓展市场等，这些在一定程度上会抑制企业创新。

谈毅（2009）在国外学者研究的基础上，针对我国市场上的风险投资机构是否在企业创新过程中发挥了积极作用进行了实证研究,以我国中小板市场的企业作为研究对象,实证发现,风险投资机构的加入并没有对企业的研发活动起到促进作用。此外,随着风险投资机构对被投资企业的持股时间延长,被投资企业也未表现出更好的经营绩效。研究者建议证监会对创业板的上市条件给予更多的灵活度,要求上市企业披露企业每年的研发投入。

陈见丽(2011)以我国创业板市场上属于高新技术行业的企业为研究对象,探究了风险投资参与对企业创新的影响。结果发现:风险投资背景、风险投资机构对被投资企业的持股比例都对企业创新产生了负面影响,这可能是因为创业板市场成立时间比较短,体制相对不够健全,这对风险投资机构造成了巨大吸引力,使得风险投资机构对企业的投资并不是出自帮扶企业创新的本意,而是受促使企业快速上市以获得巨额收益的动机驱使。

邓俊荣和龙蓉蓉(2013)认为中国的风险投资虽然发展较快,但是对技术创新的促进作用有待佐证。通过实证探究发现,风险资本的参与对企业创新并没有产生像国外研究结果所示的推动作用,反而产生了负面影响。这可能是因为,我国的风险投资市场虽然发展较快,但仍处于发展初期,对被投资企业的帮助有限。此外,还可能是我国中小企业面临的创新环境发展不够成熟,需要进一步完善市场环境。

沈丽萍(2015)以创业板上市公司为研究对象,通过对企业的成长阶段进行划分,按不同阶段分组实证研究风险投资对被投资企业研发投入的影响。结果发现:当风险投资机构在企业的初创期作为股东加入企业时,会对企业的创新投入产生一定的促进作用;当风险投资机构在企业的扩张期作为股东加入企业时,对企业的创新投入没有什么影响;而当风险投资机构在企业的成熟期作为股东加入企业时,会对企业的创新投入产生一定的抑制作用。这种结果可能是由风险投资机构的"短视行为"造成的。国内的风险投资机构多数以资本运作为目标,更关注企业能否上市,后续能否为其带来更多的收益,而对企业创新能力的提升并不关注。

四、科技创业投融资生态圈:管理服务

创新驱动发展是中国经济实现跨越式发展的关键所在,有效的政府政策将有助于更好地实现企业创新。世界知识产权组织、康奈尔大学和欧洲

工商管理学院于 2007 年共同创立全球创新指数（Global Innovation Index，GII）。该指数的指标体系中前两个指标分别是政治稳定性和政府效力，说明政府在创新环境中具有不可替代的关键作用。政府在科技创业投融资生态圈中所发挥的是管理服务功能。地方政府治理力度是形成良好的区域科技创业投融资生态圈的根本驱动力（徐建军，2019）。

金融生态环境不仅反映了区域市场经济力量的强弱，而且反映了地方政府控制区域经济或者直接干预经济力量的强弱。在金融生态环境较好的地区，公司的过度投资与银行融资的相关性会增强（郭志仪等，2015）。

初创企业成立时间不长，往往存在自有资金不足、缺乏具有抵押功能的无形资产、企业的技术水平无法在市场上得到衡量等问题，企业成功的不确定性程度较高，银行等金融机构往往不能忽视创业失败的风险而将资金提供给这类企业。此外，初创企业的创新活动由于投资回报期较长而得不到投资者的资质认可，导致企业融资难度加大。尤其是对于新兴研发类企业，由于对市场新兴行业的发展前景和预期收益不甚了解，投资者往往谨慎出资。创业投资主体有一些条件限制。政府由于自身性质的特殊，受到制度、能力、道德以及资金等方面的限制，不适宜作为创业投资主体，但可以通过政策引导创业投资行业开展工作。政府可以设立政策性引导基金，以较少的资金组织更多的民间资本投入创业企业中。这种基金形式是政府在创业投资领域作用的体现方式和引导机制（陈和，2006）。具有政府性质的风险投资倾向于投资处于早期融资阶段的创业企业（Sahlman，1990），与非政府性质的风险投资周期相反（Agmon 和 Messica，2006）。政府的加入能有效地分担创业企业的投资风险，使得其他资金投入主体在投入较多资金的同时能承担较小的风险（杨军，2006）。此外，政府引导基金的投资还能发挥认证效应，帮助创业企业获得其他融资。

民间资本若涉及创业风险投资，政府可以按照设定的比例匹配杠杆资金，通过杠杆引导更多的民间资本进入创业风险投资领域。政策性引导基金能够为创业投资机构和科技创业企业提供所需的创业资金和认证作用，能提高民间投资的活跃度，增强创业投资对科技创业企业的扶持作用。创业投资引导基金的运行需要设立资金管理委员会负责评审和决策，引导基金投资于具有投资价值的成长型企业；还可设立业务指导部门进一步监督和引导资金的使用过程，提高资金使用效率。

政府应改革创业投资引导基金管理体系，依据基金投资状况和社会投资环境制定相应的政策文件，促进投资机构的投资方式多样化，充分授予社会投资主体各项权力，同时要建立资金市场退出制度（江薇薇，2012）。创业投资引导基金通常会设立多只子基金。子基金的独立运行需要统一的制度来确保执行的合理性，因此设立创业投资引导基金的同时要设立条例来规范子基金的投资导向和风险控制，可以将较难管控的寻租风险和委托代理风险等的监管有效性列入基金监管考核标准体系中（张晓晴，2008；刘健钧，2009）。

徐建军等（2019）构建了李克特量表，对政府创业投资引导基金促进创新创业的绩效进行评价。文章将被测试指标的重要性分为非常重要、比较重要、一般、不重要四级，分别赋值 0.9、0.7、0.4、0.1，接着使用模糊分析法，确定评价指标的隶属度和权重集，计算各指标的评分。评价准则包括四个方面：第一，引导基金的规范化发展，评价指标包括是否公开发布年度基金申报指南、是否公开发布年度基金评审结果、项目评审流程是否规范、评审委员会中外部独立专家人数的占比；第二，引导基金的风险控制能力，评价指标包括基金管理公司内部机构设置的完备性、基金管理公司核心团队的稳定性、被投企业是否按时提交审计报告、对未投企业的处理情况是否符合规定、成功退出的项目比例、已推出项目的本金回收比率；第三，引导基金的杠杆作用，评价指标包括政府引导基金规模、杠杆放大倍数；第四，引导基金的支持效果，评价指标包括引导社会资金进入创业投资领域的规模、种子期企业和早中期企业的比例、高新技术企业占总投资项目的比例、自主创业项目比例、参投企业销售增长率、参投企业税前收入增长率。

除创业投资引导基金外，政府还通过建立科技金融制度来推动科技创业投融资生态圈的建设。赵昌文等（2009）概括了科技金融的特征，从理论上解释了科技金融制度的作用：第一，科技创新投入受到制度支撑后的创新效率会更高，制度安排能够有效引领科技创新投入，不断进行鼓励，也能发挥保护作用；第二，不同的制度对科技创新的作用效果不一，如基于资本市场的金融结构和基于银行体系的金融结构对科技创新的作用，特殊的制度安排（如专利保护制度和市场竞争制度等）对开发创新具有决定性效果，能对不同利益主体之间分配科技投入的产出效益产生影响。肖泽磊等（2011）提出科技金融创新体系应该由政府、金融体系、中介服务机构和高新技术企业四大类主体组成。金融机构在创造新的科技金融产品或服务时，不仅需要考虑到在发展过程的不同阶段科创企业所需资金的不同以及风险承担的异质性，也需要设置对应的配套体系及风险防范体系。束兰根等（2011）提议在商业银行的组织框架中构建专门服务于科技金融的有关部门，搭建科技与金融相结合的服务平台，从而创造科技与金融协调统一的新模式。文竹等（2012）从资金供给者、需求者、融资方式三个方面出发，对科技创业融资效果进行分析，将"四元主体"模型应用于科技金融的分析。胡新丽（2014）将武汉东湖国家自主创新示范区与美国硅谷的科技金融创新模式进行了对比，分析了武汉东湖国家自主创新示范区的科技金融改革现状，建议寻找科技与金融融合的新模式，从而创造金融支撑科技创新成效的演化体系。王江（2015）对2004—2013年我国30个省的高新技术产业化和科技金融效益进行研究，发现科技创新、科技金融效益与经济增长方式转变存在着长期的均衡关系。龙小燕等（2015）认为要实现科技与金融的深度融合，需要政府加强与金融机构的沟通交流。政府是主要引领者，通过制定政策、投入资金、参与设立平台、构建风险防控机制等来吸引和调动更广泛的市场主体（包括银行、非银行金融机构及各类中介机构等）共同参与，促进科技与金融的结合。金融机构在推动科技与金融融合方面是具体的执行者。政府和金融机构应利用两者各自的长处，使科技和金融资源能最大限度地得到整合。周昌发（2015）研究分析得出，在科技与金融结合发展过程中制度安排必不可少。当前市场机制仍然存在一些缺陷，制度安排在推进资源与其他要素的融合、扩大科技企业规模、促进经济实现跨越发展等方面发挥着巨大的作用。目前我国科技金融发展的保障机制尚不完善，例如，保障制度的各层次责任分配不合理，缺乏统筹安排和制度设计，法律法规和政策制度待更新，等等。科技金融要打破一系列阻碍创新的政策制度约束，就要设置高效的科技金融保障机制来保证科技金融的快速健康发展。苑泽明等（2016）基于科技金融政策的影响机制构建了多层次的创新效率评价体系，并采用分层评价方式对科技型中小企业对于创新资源的使用效率进行量化，得出科技金融政策影响下社会创新效率的变化程度。创新资源在创新型中小企业中的使用效率较高，但投入冗余状况比较严重。在科技金融政策的引导下，国有企业更显著地获得了政策支持，创新资源配置水平更高，创新效率更高。张玉喜和张倩（2018）在生态学理论的基础上将科技金融生态系统分为群落子系统和环境子系统两个部分，并根据两个部分的构成要素构建了科技金融生态系统的结构和运行框架，根据生态系统框架内的各要素赋予指标衡量和考核标准，构建了一套科技金融生态系统的评价体系。文章认为我国科技金融生态系统总体发展程度比较高。东部地区的城市发展为科技金融的发展提供了良好的环境，因此东部科技金融生态系统发展水平相比于全国平均水准处于遥遥领先的地位。潘娟和张玉喜（2018）分析我国科技金融投入对创新绩效的综合效率时得出，总体来看，我国科技金融对创新效率的推进作用一直稳步提升。越来越完善的金融体系为科技企业提供了充足的资金来源和良好的金融服务。但从分省研究的样本来看，不同省份的科技金融水平与创新效率并不是完全一致的，结果存在一定的差异，中部和西部地区显著低于东部地区。此外，钱海章（1999）、王燕梅（2000）、刘健钧（2003）、张晓晴（2008）、李玲娟（2012）、靳晓东（2012）等学者在科技金融理论和实践层面也做了大量深入的研究。

也有一些学者对政府创业投资引导基金和科技金融运行提出了不同看法。冯毅等（2014）提出科技金融的良性发展离不开政府的合理政策指导。政府在科技金融发展规划时要充分考虑运行效能、市场体系建设和发展前景。政府在科技金融体系中的作用举足轻重，但也需要注重方式方法。若采用的措施不匹配，可能会阻碍科技金融活动的开展。刘芸和朱瑞博（2014）表明我国科技金融发展仍处在初步发展时期，创新创业活动开展的投融资环境仍然需要进一步完善。政府在面对我国科技金融发展过程中出现的一些亟待处理的制度方面的阻碍和困境时，需要建立创新机制来解决问题。束兰根和原二军（2014）基于商业银行视角研究科技金融发展时得出结论：我国科技金融存在成效不显著、产品不丰富、模式不兼容等问题。芦锋和韩尚容（2015）认为不同发展阶段企业科技创新的影响因素不同。在技术创新阶段，提高专利授权数的作用要素包括科技型上市公司占比和风险投资，降低专利授权数的因素则为政府投入经费。在技术成果应用到新产品中并走向市场化的过程中，科技金融的扶持对科技创新的助推作用并不显著。吕鹰飞和桑晓曦（2016）研究了吉林省科技金融发展现状，提出吉林省仍然存在投入机制和鼓励机制不完善、支持科技金融体制不足等一些困境。王琼（2016）认为我国的创新能力比较匮乏，金融的内涵也没有体现出它真正的效应，没有为现代科技创新创业企业的发展提供高质量的服务。除了历史因素外，激励机制的缺失是科技金融效果不佳的一大原因。

第三节　理论与文献述评

已有研究形成了较为完善的理论体系，进行了较为丰富的实践探索。

第一，目前国内外学者在科技创业投融资生态圈领域的研究成果主要集中在科技创业投融资生态圈概念界定、内涵诠释以及创新生态系统评价等方面，强调协调金融生态环境的各种投融资要素之间的整合。良好的投融资生态是支持科技创业的基础环境，辅以相应的政策引导方能促进投融资生态圈的不断完善与发展。如果仅仅凭借政府或是市场的力量是无法实现科技创业投融资生态建设任务的，因此，要基于市场机制，发挥政府的调控作用，实现政府与市场作用之间的动态平衡。

第二，推动科技创业投融资生态圈建设的三个主体包括：债权人、股权投资者和政府。金融机构起到了降低交易成本与减少市场摩擦、提供资金的作用，为科技创业提供必要的支持。股权与债权分别是风险投资和银行信贷参与科技创业的两种主要形式，是减少创新研发过程中发生多种不确定情况的有力保证。新产品与新技术从研发至进入市场的时间不断缩减，科技创业企业的治理水平得到了提高。

第三，地方政府治理力度是形成良好的区域科技创业投融资生态圈的根本驱动力，有效的政府治理将有助于更好地实现企业创新。

已有研究给出了一系列对策建议，但仍存在可进一步拓展的空间。

第一，虽然投融资要素常被作为创业生态圈的重要组成部分被提出，但这些研究主要分析风险投资、金融政策等单一投融资生态要素对企业创新与发展效率的影响。由于样本数据的选择偏误性，不同学者在量化影响时得出的结论并不一致。此外，结合我国国情针对投融资生态圈的细分领域研究几乎尚未起步，落后于实践的进程。

第二，从金融机构角度，以银行信贷为代表的债权融资能否推动企业创新的实证结果存在差异。一些研究认为以银行信贷融资为代表的债权融资可能会阻碍创新，但另一些研究表明良好的银企关系、金融生态可以促进科技创业。以风险投资为代表的股权融资能否推动企业创新的结果尚存在不一致。一些研究认为风险资本的参与可以促进企业创新,但另一些研究发现风险资本参与抑制了企业创新,并且较少有文献从风投董事的角度来研究其对企业创新的影响。

第三,从政府角度,从现有研究来看,科技金融尚未建成一个成熟的理论体系,科技和金融"两张皮"现象依然比较严重。从科技金融管理体系视角研究科技金融制度和机制创新问题还有很大拓展空间,科技金融理论还有待进一步深入开拓和挖掘。

综上所述,关于"科技创业投融资生态圈"的研究目前还处于起步阶段,实践也较少。要建设我国科技创业投融资生态圈,需要在多领域展开实践,从生态系统理论、演化经济学等方面借鉴理论知识与方法,深入挖掘有利于实践发展的措施。

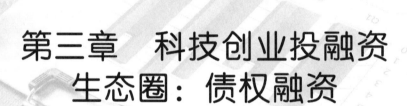

第三章　科技创业投融资生态圈：债权融资

第三章
科技创业投融资生态圈：债权融资

本章关注科技创业投融资闭环生态圈中的"债权融资"部分。近年来，虽然越来越多的非银行金融机构（如小额贷款公司等）参与科技创业贷款市场，但负责谈判和重新谈判贷款合同条款的主要贷款人仅限于商业银行。因此，在本章中，"债权人""贷款人""银行"等词可以互换使用。

第一节　债权融资与科技创业投融资生态圈

当前我国金融资源的供给仍然主要依靠以商业银行为代表的金融机构，股权融资并不是企业融资最普遍的渠道。科技创业企业外源融资绝大部分来自金融机构贷款。

我国的金融体系是银行导向型的。图 3-1 是 2017 年新兴经济体和主要发达经济体银行信用与股市市值之间的关系。中国的银行信用与股市市值的比值为 3.29，在图 3-1 所示国家中处于第二名的位置，仅次于比值为 3.83 的日本，远高于印尼、印度等新兴经济体。在发达经济体中，美国、英国这两个市场导向型国家的银行信用仅仅约等于股市市值的 1.6 倍，远远低于传统银行导向型的德国和日本，德国和日本的银行信用与股市市值的比值都高于 3。

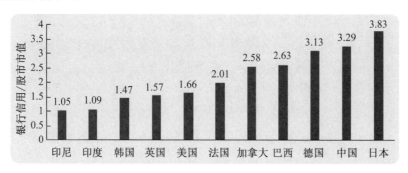

图 3-1　2017 年新兴经济体和主要发达经济体银行信用与股市市值之间的关系

市场导向型的金融体系和银行导向型的金融体系的一大主要差异在于

公司资本结构。图 3-2 统计了 2017 年五大国家非金融公司的贷款、债券和股权的相对份额。由图 3-2 可知，中国的非金融公司的贷款份额占比在五个国家中名列第一，达到 61.49%，债券和股权投资分别占 10.06% 和 28.46%。这种现象充分说明中国的金融体系是传统的银行导向型的。与中国的非金融公司的资本结构类似的是德国，虽然其股权融资份额要高于中国，但总体来看，银行贷款仍占据了近一半的比例，也属于银行导向型的金融体系。另一类市场导向型的金融体系则以美国为代表。美国非金融公司的贷款份额不足 10%，而公司股权的份额高达 76.63%，这表明美国的金融体系是典型的市场导向型的。英国的公司资本结构更像德国和日本。由于此处仅比较了贷款、债券和股权三种工具，因此并未展现完整的公司资本结构，比如内源融资是除日本外的其他三个发达经济体公司的主要融资渠道。并且，如果从流量上看，上市公司并不主要依赖于公司股权。例如，由于失败公司的退市以及公司回购股票，自 1980 年以来，美国的股票净融资额不是为负值，就是为零。中国的情况与四个发达经济体迥异：第一，公司股权的规模不仅远远小于市场导向型的美国和英国，也小于银行导向的日本和德国；第二，银行贷款占据举足轻重的地位。在债务融资中，我国非金融公司贷款的比例超过债券的 6 倍。

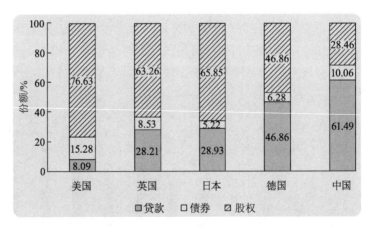

图 3-2　2017 年五大国家非金融公司的贷款、债券和股权的相对份额

因此，研究科技创业投融资生态系统不能回避商业银行在其中的作用，但债权融资与科技创业的关系始终存在理论冲突和实践争论。

一种观点认为，商业银行等金融中介拥有巨大的资金规模，具有规模经济效应，银行可以利用该特点为不同类型的企业提供匹配的金融服务，这会促使企业提高生产效率，提升创新水平（Gerschenkron，1962）。第一，银行信贷是企业创新活动的重要资金来源。《中华人民共和国商业银行法》规定商业银行不得向企业及非银行金融机构进行投资，因此银行作为债权人，为了保证借款能够如期收回，会对借款人的经营情况和财务状况进行监督，甚至直接或间接干预借款人的活动。银行贷款的监督机制主要体现在事前选择、日常监控和事后监督上，比如借款时双方签订具有限制性条款的协议，限制企业的高风险投资活动。银行通过对创新项目和借贷企业的有效监督，不仅可以降低自身投资的风险，还可以为创新项目和企业分阶段提供外部融资，促进科技创新（Beck，2000；黄国平和孔欣欣，2009）。第二，债权二元治理机制对企业创新活动的运作机制和治理目标存在明显的差异。关系治理是为了追逐银企长期共赢带来的创新溢价，银行有条件以组织互信为基础，通过债务重组、债务展期等方式来确保创新投入的连续性；而契约治理是为了保障银行在创新风险可控条件下的固定收益索取权益，因此银行能够依靠刚性债务契约条款，利用监督和约束机制来提高企业创新资源配置效率。一些学者（李后建等，2015；贾俊生等，2017）的实证研究表明银行信贷有利于创新。

另一些学者（肖海莲等，2014；张一林等，2016；徐飞，2019）认为银行贷款的回报与承担的风险不相匹配（Stiglitz，1985；Morc 和 Nakamura，1999），因而银行缺少动力为创新企业融资。债权人支持科技创业融资的劣势有：第一，企业创新活动具有明显的信息不对称性，加大了企业通过银行信贷渠道获取创新资金的难度。徐飞（2019）认为，创新活动具有严重的信息不对称性。在这一过程中，只有企业方全面系统地知悉创新活动的具体内容，外部投资者对于创新活动的内部信息十分匮乏，如创新风险、成功可能性及成果价值。与此同时，企业方也倾向于将创新活动全过程保密，因为信息泄露可能会导致创新项目在技术开发时期便失去竞争优势。马光荣等（2014）认为，信贷市场的信息不对称现象加剧了企业的融资约束。创新研发活动具有信息不对称的特点，这可能会导致逆向选择问题。银行凭借过往经验观测到企业创新项目真实风险与价值的难度较大，从而使银行一般不愿意对企业创新活动提供信贷支持。尽管适当的信息披露在一定程度上可以有效解决银企之间的信息不对称问题，但企业进行信息披露的意愿较低，担心信息泄露而被模仿。因此，信息不对称的存在增大了创新活动的风险,使企业面临融资困境,企业研发投资减少(Hall,2002)。第二,企业创新活动具有收益不确定性,降低了投资者的投资意愿。创新活动具有漫长的孵化周期,在短期内很难带来即时的成果回报。与企业日常的生产经营活动相比,创新活动的投入不一定能够带来可观且确定的产出,因此具有高度不确定性(Holmstrom,1989)。詹宇波等(2018)认为,企业创新项目的实施往往无法在短期内取得明显的成效,其产品价值有待市场的检验,这增大了投资者准确识别项目价值的难度,最终降低了其投资的意愿。同时,企业研发成果具有"无形性"的特点,即研发活动形成的大多是难以估量真实价值的无形资产,而不是厂房、设备等容易变现的固定资产,且创新者一般不会将无形资产变现用于偿付银行贷款,而是将其进行再投入以期获得更高、更长远的利益,而银行更倾向于向能够提供固定资产作为抵押品的企业提供信贷资金,因为固定资产比无形资产价值更稳定,也更容易变现(韩旺红等,2013)。如果企业将知识资产作为抵押品向银行借款,势必会对债务资金使用造成一定的限制,这使得企业内部现金流的稳定性较低,难以保证债务的偿还(Brown,2012)。第三,银企之间存在创新活动风险与收益的不对称性。Stiglitz(1985)认为,债权人与企业方在创新活动中存在风险与收益的不对称性,即债权人不能享有企业创新成功所带来的额外收益,却要承担企业创新失败不能按期偿还贷款的风险。

此外,一些学者研究了银行业结构对科技创业的影响。林毅夫等(2009)、丁述军等(2016)、白俊等(2018)、戴静等(2019)认为,银行业竞争度越高,企业融资成本就越低,从而创新动力更充足。银行业内部的良性竞争可以缓解企业的融资约束,有效促进科技创新(Dewatripont和Maskin,1995;石璋铭和谢存旭,2015)。银行业内部的垄断也可以促进创新,垄断者利用贷款资金数量来调节利率,从而实现信贷的风险和收益平衡(Cetorelli和Gambera,2001)。处于垄断位置的商业银行在借贷中拥有主动权,科技创业企业处于不利地位,利益分配中银行的强势会削弱企业的创新动力(Boot和Thakor,1997;Weinstein和Yafeh,1998)。银行业对技术创新的促进作用效果受市场化程度等非金融因素的约束(朱欢,2013)。

第二节 债权融资对科技创业的实证研究

■ 一、研究假设

企业创新活动初期需要投入大量资金,经过漫长的孵化周期,在缺乏参照性先例的情况下在未知领域进行探索式发展,具有很强的收益不确定性和信息不对称性(温军等,2011),如图3-3所示。

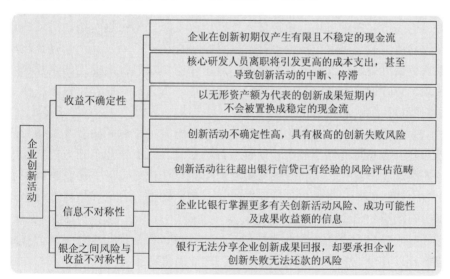

图 3-3 企业创新活动特征

企业创新活动的收益不确定性是指银行难以预期创新的实现过程,难以有效估计创新活动所能取得的回报(Holmstrom,1989)。这种收益不确定性并非属于具有明确均值-方差分布的不确定活动,而可能是极端的。创新活动的收益不确定性主要体现在:①企业在创新活动初期仅产生极其有限且不稳定的现金流,很难保证及时、完整地偿还贷款,银行难以确定是否可以如期收回借款，这与银行信贷本息的刚性兑付特征相冲突。② 企业在创新活动过程中需要持续提供极高的薪水来维持庞大的研发队伍，研发人员的薪水一般占创新研发支出的一半以上。然而，一旦核心研发人员离职或跳槽，将引发更高的成本支出，甚至导致研发活动的中断、停滞，使得周期本就漫长的创新项目更加遥遥无期，已经投入的高额薪资覆水难收。③ 创新投入所取得的创新成果多数是无形资产，以专利成果数和无形资产增加额为典型代表，这种类型的创新成果在短期内往往不会被置换成稳定的现金流，而是作为企业的竞争优势进行再配置，无法提供给银行作为抵押品。④ 创新活动具有极大的不确定性和偶然性，少有经验和章法可以遵循，极有可能导致资金的重复投入，即使取得创新成果，也不能保证其能在市场中被认可，不确定是否可以成功应用于商业化生产。企业面临的投资失败风险不仅包括传统的行业风险与经营风险，还有新技术落地为新产品过程中的技术风险与销售风险。更重要的是，企业还可能遭遇竞争者迅速模仿并挤占市场，使得现有技术价值下降，无法达到创新活动的预期收益值，客观上很难满足银行对风险控制的要求。⑤ 创新活动往往超出银行信贷已有经验的风险评估范畴，对于陌生领域、首次提出的企业创新活动，银行无法有效评估信贷风险，而银行信贷人员一般都是根据工作经验判断项目优劣和投资价值。

企业创新活动的信息不对称性是指企业比银行掌握了更多有关创新活动风险、成功可能性及成果预期收益额的信息。只有企业创新方能够洞悉创新活动的全过程，银行能够掌握到的信息只能依靠创新方信息披露或者已有经验，再加上创新方往往倾向于对创新活动进行保密，披露的信息有限，在严重的信息不对称状态下，很可能会进一步滋生道德风险。例如，创新方隐瞒资金真实用途，伪造创新成果收益，借此逃避偿付义务，导致银行难以在企业的创新活动中检测出有价值的信息。

同时，银行信贷方与企业创新方之间存在严重的风险与收益不对称性。作为债权人，即使企业创新成功取得高额收益，银行也无法分享收益成果，只能得到预期的本息和；但如果企业创新活动失败，企业将无法产生足够的现金流去偿付银行的借款利息，甚至可能无力偿还借款本金。

从银行的角度来看，作为最重要的金融中介机构，银行要随时能够满足存款者的提款需求，这种特征决定了银行的低风险容忍度，而创新活动的不确定性使其风险系数极高。在这种严重的收益不确定、信息不对称以及银企之间风险与收益不对称的情况下，银行难以有效地评估企业创新项目的风险与价值。因此，银行可能会发挥其监督作用，干预企业的创新活动过程。首先，部分银行信贷协议包含对公司资本支出的明确限制，首要的就是限制包含创新活动在内的高风险活动。其次，银行可能会通过贷后相机治理限制企业高风险投资，限制贷款人不必要的创新项目。相机治理机制是指通过对企业所有权的调整分配，进行企业决策的约束。根据童盼和陆正飞（2005）的研究，银行债权人主要通过以下方式实现贷后相机治理：对抵押物、质押物行使权利；触发限制性条款，包括再融资、投资限制等；作为主要债权人代表参与公司的治理。银行通过贷后相机治理机制干预企业创新研发活动，限制企业创新研发投入。最后，当企业违反债务契约时，控制权从股东转移到债权人，银行债权人能够通过在债务契约重新谈判期间影响企业管理者从而影响企业的创新政策。具体来说，如果企业违约，银行有权利加速债务本金偿还，提高贷款利率，终止未使用的信贷额度安排。同时，如果企业违约，银行对失败的容忍度就会进一步降低，更有可能中止正在进行的创新项目。

从企业的角度来看，企业面临银行信贷约束，意味着企业的外源融资成本升高，创新活动难以得到充分的资金支持，而企业创新活动的一大显著特征就是高额的资金投入和漫长的孵化周期。在这种情况下，企业若将大量资金投入创新研发活动，可能会导致在取得创新成果之前面临资金链断裂的生存困境。

综上，作为债权人，银行为确保贷款本息的安全性，可能会对借款人的经营情况和财务状况进行监督，甚至直接或间接干涉借款人的活动。首要措施就是抑制创新活动的资本投入。同时，企业在面临银行信贷约束时，也倾向于减少创新研发投入，将资金用于更加稳健的投资项目。也就是说，银行信贷强度越高，意味着银行在企业占有着更大的话语权，银行干预企业创新的能力就越强。据此，本研究提出假设1。

假设1：银行信贷强度会抑制企业创新投入，即高银行信贷强度的企业后续创新投入相对低，低银行信贷强度的企业后续创新投入相对高。

随着我国金融市场的改革、金融业的对外开放以及银行业管制的放松，我国大型国有银行的市场份额日益降低，银行业的竞争度逐步提高。银行业竞争结构的变化在一定程度上影响了企业的创新活动。

银行业竞争度对于银行信贷强度与企业创新投入关系的影响主要在

于：① 垄断程度高的银行业，信贷话语权由垄断银行主导，银行可以控制贷款利率，这使得部分企业难以获得信贷支持。当银行业竞争加剧时，银行之间的激烈竞争使得企业可以通过多方借贷拓宽融资渠道，企业谈判能力显著提高。同时，高强度的竞争压力会降低银行的期望收益率和保本贷款额，结果会带来更高的贷款总量、更低的抵押品及贷款额门槛（王霄和张捷，2003）。② 在垄断型的银行结构下，垄断银行更有动机与固定企业保持长期信贷关系以独占企业信息，从而获取长远利益。随着银行业竞争的加剧，银行对于企业的独占信息优势逐渐降低，这削弱了银行进行关系型贷款的积极性，因此银行会将多余的资金从关系型企业挪向其他的企业或者潜力企业的创新项目，有利于企业创新活动融资约束的缓解。③ 银行业竞争度的增加有利于银行业市场化功能的完善，能够改善银行业乃至整个金融市场的信贷资源配给，引导资金流向真正有潜力的优秀企业。在市场化条件下，高风险的中小企业创新研发项目不会被一票否决，银行会通过仔细辨别和筛选，给予其中具有潜能的创新研发项目信贷支持。这不仅满足了企业创新研发的融资需求，而且倒逼企业慎重选择和进行创新研发投入活动，提高了企业进行创新活动的成功率，有利于缓解银行信贷对企业创新的抑制效应。④ 当前我国金融市场外部治理环境仍然存在欠缺，相应的法规体系也未完善，信贷市场的道德风险和信息不对称问题仍然存在，银行审批借款申请在一定程度上仍然戴着"有色眼镜"，偏好大中型国有企业，这使得中小企业创新研发的借款存在一定的困难。但随着银行业竞争的加剧，银行为了控制风险、保护自己作为债权人的利益，将更有动力发挥更大的外部治理机制作用，采取各种措施加强对企业的审核与监管，弥补客观上的环境缺陷，促使企业更加理性、谨慎地选择和开展创新活动，注重收益与风险的匹配，从而在整体大环境下降低了企业进行创新活动的风险，反过来又增加了银行对企业创新研发提供信贷支持的动机（唐清泉和巫岑，2015）。

综上所述，本研究将银行业竞争度对企业创新投入的影响机制分为两种（图3-4）。如图3-4所示，机制A是银行业竞争加剧通过缓解融资约束来促进企业创新，银行业竞争度在此时充当银行信贷强度与企业创新投入之间关系的调节因子。银行业竞争加剧改变了银行抑制企业创新活动的意愿和动机，进而缓解融资约束，促进企业创新。机制A是本研究的重点研究对象。机制B是银行业竞争加剧通过提高信贷资金配给效率和改善企业外部治理环境倒逼企业更加慎重、理性地选择及进行创新活动，反过来增加银行对企业创新研发活动提供信贷支持的动机，从而促进企业创新。据此，本研究提出假设2。

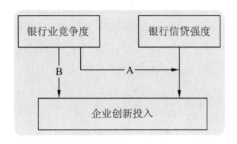

图 3-4　银行业竞争度对企业创新投入的影响机制

假设2：银行业竞争度的提高有利于缓解银行信贷强度对企业创新投入的抑制作用。

二、研究设计

1. 样本选取与数据来源

本研究选取2007—2019年创业板上市公司为研究样本。我国财政部于2006年2月发布《新会计准则》，并于2007年1月1日起在上市公司实施。考虑到《企业会计准则》的修订会导致当年前后财务会计信息可比性降低，因此选取2007—2019年为本研究样本期。本研究中的样本公司财务数据、研发投入数据来源于同花顺iFinD金融数据终端及国泰安CSMAR数据库。本研究根据以下原则对数据进行了筛选：① 剔除了ST、PT类的样本。② 剔除了金融类企业。此外，本研究对连续变量进行了上下1%的缩尾处理。

2. 变量选择

(1) 被解释变量：企业创新投入强度。创新指标的衡量一般采用研发投入占营业收入的比例（R&D）、专利成果数或无形资产增加额。由于专利成果数量具有滞后性、长期性等特征，难以反映价值量差异，而无形资产增加额存在大面积的数据缺失，因此选取最具有可行性的研发投入占营业收入的比例来衡量企业创新。

(2) 解释变量：银行信贷强度。这里借鉴徐飞（2019）的研究，把银行信贷强度分为三类，即长期银行信贷强度、短期银行信贷强度和总银行信贷强度。长期银行信贷强度用企业长期借款占企业总资产的比例衡量。短期银行信贷强度用企业短期借款占企业总资产的比例衡量。总银行信贷强度用企业长期借款和短期借款之和占企业总资产的比例衡量。

（3）调节变量：银行业竞争度。衡量银行业竞争度的方法有多种，如赫芬达尔指数、勒纳指数、Z指数等。本研究采用以往文献应用较多的赫芬达尔指数来衡量银行业竞争度，当年银行业的赫芬达尔指数为资产规模最大的十家商业银行所占银行业总资产的平方和（表3-1）。

表3-1 银行业赫芬达尔指数

年份	银行业赫芬达尔指数	年份	银行业赫芬达尔指数
2007	83.923 9	2014	75.313 3
2008	83.265 1	2015	73.702 1
2009	82.431 0	2016	71.760 5
2010	80.726 3	2017	71.138 1
2011	79.117 6	2018	70.718 6
2012	77.350 1	2019	70.342 2
2013	76.557 3		

注：选取资产规模最大的十家商业银行计算银行业赫芬达尔指数，分别是中国工商银行、中国建设银行、中国农业银行、中国银行、交通银行、招商银行、兴业银行、浦发银行、中信银行、民生银行。因计算出的赫芬达尔指数较小，故对数据采取×100处理。

（4）控制变量。本研究的控制变量包括企业年龄（Age）、企业规模（$Size$）、总资产报酬率（Roa）、资产负债率（Lev）、股权集中度（$Conc$）和政府补助（Gov）。其中，考虑到变量间的多重共线性，资产负债率计算公式中的负债总额为扣除当年借款总额后的当年负债总额。企业年龄为当年年份减去企业成立年份取对数，股权集中度选用的是当年前十大股东持股比例之和，政府补助额取对数。

具体的变量定义见表3-2。

表3-2 变量定义表

变量类型	变量名称	变量符号	度量方式
被解释变量	企业创新投入强度	Rd	研发投入/营业收入
解释变量	长期银行信贷强度	$Longb$	长期借款/总资产
	短期银行信贷强度	$Shorb$	短期借款/总资产
	总银行信贷强度	Ban	（长期借款＋短期借款）/总资产
调节因子	银行业竞争度	Hhi	赫芬达尔指数

续表

变量类型	变量名称	变量符号	度量方式
控制变量	企业年龄	Age	ln（当年年份－成立年份）
	企业规模	$Size$	ln（员工总数）
	总资产报酬率	Roa	总资产报酬率
	资产负债率	Lev	扣除当年借款总额后的当年负债总额/当年资产总额
	股权集中度	$Conc$	前十大股东持股比例之和
	政府补助	Gov	ln（政府补助）

3. 模型构建

首先，为验证假设1，构建模型1：

$$Rd_{i,t} = \alpha + \beta_1 Bank_{i,t} + \omega Cv_{i,t} + Year + \varepsilon$$

其中，$Rd_{i,t}$ 为公司 i 在第 t 年的企业创新投入，$Bank_{i,t}$ 为公司 i 在第 t 年的银行信贷强度，β_1 为应用创业板上市企业样本的解释变量系数，$Cv_{i,t}$ 为其他影响银行信贷强度的控制变量，$Year$ 为年度固定效应，ε 为误差项。

其次，为验证假设2，构建模型2：

$$Rd_{i,t} = \alpha + \gamma Bank_{i,t} + \lambda Hhi_t \cdot Bank_{i,t} + \omega Cv_{i,t} + Year + \varepsilon$$

其中，$Rd_{i,t}$ 为公司 i 在第 t 年的企业创新投入，$Bank_{i,t}$ 为公司 i 在第 t 年的银行信贷强度，Hhi_t 为第 t 年银行业的赫芬达尔指数，$Hhi_t \cdot Bank_{i,t}$ 为调节因子赫芬达尔指数与解释变量银行信贷强度的交互项。$Cv_{i,t}$ 为其他影响银行信贷强度的控制变量，$Year$ 为年度固定效应，ε 为误差项。

三、实证结果分析

1. 描述性统计

主要变量描述性统计结果见表3-3。表格显示：① 企业创新投入强度的最高值为0.291，最低值为0.003，均值为0.066，说明我国创业板企业之间的创新投入强度差距较大，存在两极分化趋势。② 长期银行信贷强度的均值、最小值、最大值都低于短期银行信贷强度，即银行更偏好于短期借款，对于企业的长期借款采取较为谨慎的态度，而企业的创新投入多半来源于长期借款。③ 银行业的赫芬达尔指数波动较为平缓，结合表 3-1 可知，银行业的赫芬达尔指数随着年份增长总体呈下降趋势，即银行业的市场结构集中化程度逐年降低。

表3-3 主要变量描述性统计结果

变量名称	变量含义	均值	样本方差	最小值	最大值
Rd	企业创新投入强度	0.066	0.051	0.003	0.291
$Longb$	长期银行信贷强度	0.018	0.041	0	0.222
$Shorb$	短期银行信贷强度	0.077	0.093	0	0.381
Ban	总银行信贷强度	0.096	0.108	0	0.435
Hhi	银行业赫芬达尔指数	75.022	4.19	70.342	83.924
Age	企业年龄	2.468	0.459	1.099	3.258
$Size$	企业规模	6.567	0.946	4.407	9.131
Roa	总资产报酬率	0.123	0.106	−0.204	0.486
Lev	资产负债率	0.25	0.14	0.036	0.693
Gov	政府补助	15.32	1.326	11.154	18.415

2. 相关性检验

由变量的相关性检验结果（表 3-4）可知：解释变量长期银行信贷强度（$Longb$）、短期银行信贷强度（$Shorb$）和总银行信贷强度（Ban）与被解释变量企业创新投入强度（Rd）在1%的水平上显著负相关，初步表明银行信贷强度对企业创新投入强度存在一定的抑制效应，符合本研究假设 1 的预期。主要控制变量与被解释变量之间均存在一定的相关性，说明模型中控制变量的选择基本有效。进一步由多重共线性检验结果得出，长期银行信贷强度（$Longb$）、短期银行信贷强度（$Shorb$）和总银行信贷强度（Ban）的方差膨胀因子均远远大于 10，因此把 3 个解释变量分别放在不同方程中去做回归。其余变量之间不存在严重的多重共线性。

表 3-4 变量的相关性检验结果

变量	Rd	Longb	Shorb	Ban	Hhi	Age	Roa	Lev	Conc	Gov
Rd	1									
Longb	−0.090	1								
Shorb	−0.208	0.132	1							
Ban	−0.214	0.518	0.912	1						
Hhi	−0.071	−0.022	0.059	0.043	1					
Age	0.014	0.020	0.011	0.018	−0.542	1				
Size	−0.068	0.111	0.142	0.162	−0.371	0.326	1			
Lev	−0.177	0.024	0.048	0.050	0.046	−0.157	0.071	1		
Roa	−0.070	−0.151	−0.151	−0.172	0.388	−0.355	−0.308	0.024	1	
Gov	0.104	0.051	0.051	0.080	−0.390	0.282	0.482	−0.007	−0.278	1

3. 回归结果分析

表 3-5 展示了模型 1 各变量的回归结果。长期银行信贷强度（Longb）的回归系数为 −0.022，并且在 5% 的水平下显著。经济意义方面，长期银行信贷强度（Longb）每增加一个单位，企业创新投入强度（Rd）将减少 2.2 个百分点。短期银行信贷强度（Shorb）的回归系数为 −0.031，且在 1% 的水平下显著。经济意义方面，短期银行信贷（Shorb）每增加一个单位，企业创新投入强度（Rd）将减少 3.1 个百分点。总银行信贷强度（Ban）的回归系数为 −0.028，且在 1% 的水平下显著。经济意义方面，总银行信贷强度每增加一个单位，企业创新投入强度（Rd）将减少 2.8 个百分点。由此可见，在控制总资产报酬率、企业年龄、企业规模、资产负债率及政府补助变量后，长期银行信贷强度（Longb）、短期银行信贷强度（Shorb）、总银行信贷强度（Ban）与企业创新投入强度（Rd）均呈显著的负相关关系，即高银行信贷强度的企业创新投入强度相对低，低银行信贷强度的企业创新投入强度相对高。这符合前文所假设的银行信贷强度提高会抑制企业创新投入，即假设 1 成立。

此外，实证中对于控制变量的回归也基本反映了各变量对企业创新行为的影响。从各变量的回归结果来看，企业创新投入强度（Rd）与政府补助（Gov）显著正相关，即政府补助的增长有助于增加企业的创新投入，促进企业创新行为。企业创新投入强度（Rd）与企业年龄（Age）、资产负债率（Lev）显著负相关，说明年轻、负债较少的企业创新投入受银行信贷的抑制程度较低。

表3-5 模型1回归结果

	被解释变量	Rd	Rd	Rd
解释变量	$Longb$	−0.022 ** (−2.20)		
	$Shorb$		−0.031 *** (−5.78)	
	Ban			−0.028 *** (−6.12)
控制变量	Age	−0.012 *** (−4.40)	−0.012 *** (−4.19)	−0.012 *** (−4.23)
	$Size$	−0.001 (−1.58)	−0.001 (−1.21)	−0.001 (−1.01)
	Lev	−0.033 *** (8.86)	−0.033 *** (−8.68)	−0.032 *** (−8.59)
	Roa	−0.105 *** (−22.90)	−0.106 *** (−22.98)	−0.106 *** (−23.01)
	Gov	0.001 *** (3.90)	0.001 *** (3.90)	0.002 *** (3.96)
	$Constant$	0.101 *** (12.45)	0.100 *** (12.46)	0.995 *** (12.36)
时间效应	$Year$	Yes	Yes	Yes
样本数	N	7 121	7 121	7 121
可决系数	R^2	0.032	0.047	0.049

注：*** 是指该变量在1%的水平下显著，** 是指该变量在5%的水平下显著，* 是指该变量在10%的水平下显著。

表3-6展示了模型2引入调节因子后各变量的回归情况。在引入调节因子银行业竞争度后，长期银行信贷强度（$Longb$）、短期银行信贷强度（$Shorb$）、总银行信贷强度（Ban）的交互项系数分别为0.003 6、0.003 0、0.002 7，均为正值，与各对应解释变量的系数符号相反，由此得出，调节因子银行业竞争度对主变量之间的关系起到反向调节作用，即银行业竞争

度可以缓解银行信贷强度对企业创新投入的抑制作用，银行业竞争度越高，银行信贷强度对企业创新投入的抑制作用越小，从而验证假设2成立。

表3-6 模型2回归结果

被解释变量		Rd	Rd	Rd
解释变量	$Hhi·Longb$	0.003 6 * (1.68)		
	$Longb$	−0.29 * (−1.81)		
	$Hhi·Shorb$		0.003 0 *** (3.06)	
	$Shorb$		−0.259 *** (−3.46)	
	$Hhi·Ban$			0.002 7 *** (3.15)
	Ban			−0.227 *** (−3.59)
控制变量	Age	−0.012 *** (−4.41)	−0.012 *** (−4.26)	−0.012 *** (−4.26)
	$Size$	−0.001 (−1.58)	−0.001 (−1.26)	−0.001 (−1.05)
	Lev	−0.032 *** (−0.033)	−0.032 *** (−8.48)	−0.031 *** (−8.32)
	Roa	−0.106 *** (−22.86)	−0.105 *** (−22.95)	−0.106 *** (−22.99)
	Gov	0.001 *** (3.92)	0.002 *** (3.95)	0.002 *** (4.03)
	$Constant$	0.100 *** (12.33)	0.152 *** (4.86)	0.096 *** (11.83)
时间效应	$Year$	Yes	Yes	Yes
样本数	N	7 121	7 121	7 121
可决系数	R^2	0.032	0.048	0.050

注：*** 是指该变量在1%的水平下显著，** 是指该变量在5%的水平下显著，* 是指该变量在10%的水平下显著。

4. 稳健性检验

(1) 抽样本检验。

由于本研究主回归样本为全部创业板上市企业,是大样本数据,因此,本研究采用抽样本(不放回)检验的方法对各变量重新进行回归,回归结果如表 3-7 所示。企业创新投入强度(Rd)与长期银行信贷强度($Longb$)、短期银行信贷强度($Shorb$)、总银行信贷强度变量(Ban)之间的系数分别为 -0.037、-0.074、-0.062,仍然呈显著负相关,结论与前文一致,即银行信贷会抑制企业创新投入,高银行信贷强度的企业创新投入相对低,低银行信贷强度的企业创新投入相对高。

表 3-7 抽样本检验回归结果

	被解释变量	Rd	Rd	Rd
解释变量	$Longb$	$-0.037*$ (-1.76)		
	$Shorb$		$-0.074***$ (-6.69)	
	Ban			$-0.062***$ (-6.56)
控制变量	Age	$-0.013***$ (-2.98)	$-0.011***$ (-2.66)	$-0.012***$ (-2.80)
	$Size$	-0.002 (-1.51)	-0.002 (-1.21)	-0.002 (-1.06)
	Lev	$-0.058***$ (-7.47)	$-0.055***$ (-7.03)	$-0.055***$ (-7.01)
	Roa	$-0.086***$ (-8.72)	$-0.088***$ (-8.99)	$-0.089***$ (-9.04)
	Gov	$0.003***$ (4.07)	$0.004***$ (4.32)	$0.004***$ (4.44)
	$Constant$	$0.09***$ (5.75)	$0.09***$ (5.85)	$0.088***$ (5.70)
时间效应	$Year$	Yes	Yes	Yes
样本数	N	2 129	2 129	2 129
可决系数	R^2	0.076	0.122	0.121

注:***是指该变量在 1% 的水平下显著,**是指该变量在 5% 的水平下显著,*是指该变量在 10% 的水平下显著。

(2) Heckman 两步法检验。

本研究采用 2007—2019 年全部 A 股非金融业上市公司披露的 R&D 数据作为被解释变量企业创新投入强度的样本数据,验证银行信贷强度与企业创新投入强度之间的关系。然而,由于样本初始期较早,2007 年和 2008 年两年存在大面积空缺值,早年有效样本数据较少,部分上市公司出于某种原因并未披露 R&D 数据,可能存在样本选择性偏误。因此,本文选择 Heckman 两步法进行稳健性检验,控制样本选择性偏误问题。

构建 Heckman 两步法的基本模型如下:

模型 3:

$$pr(Dis.Rd_{i,t}=1) = \alpha + \omega K_{i,t} + Year + FE + \varepsilon$$

模型 4:

$$Rd_{i,t} = \alpha + \beta bank_{i,t} + \omega CV_{i,t} + IMR_{i,t} + Year + FE + \varepsilon$$

模型 3 为是否披露研发投入的 Probit 选择模型,$Dis.Rd_{i,t}$ 为 i 公司 t 年度是否披露研发投入的虚拟变量,披露为 1,未披露为 0。$K_{i,t}$ 为可能影响公司披露研发投入的因素,包括企业年龄(Age)、企业规模($Size$)、总资产报酬率(Roa)、资产负债率(Lev)、股权集中度($Conc$)和政府补助(Gov)。模型 4 为控制样本选择性偏误后的检验模型,其中,IMR 为基于模型 3 计算出来的逆米尔斯比率。其他变量定义与前文一致。

如表 3-8 所示,Heckman 两步法检验结果显示,在控制企业创新投入的样本选择性偏误之后,长期银行信贷强度($Longb$)、短期银行信贷强度($Shorb$)、总银行信贷强度(Ban)与企业创新投入强度(Rd)均为显著负相关关系,与前文结论一致。

表 3-8 Heckman 两步法检验结果

被解释变量		Rd	Rd	Rd
解释变量	$Longb$	−0.005 *** (−4.25)		
	$Shorb$		−0.062 *** (−4.25)	
	Ban			−0.054 *** (−11.02)
控制变量	Age	−0.005 *** (−3.65)	−0.005 *** (−3.65)	−0.005 *** (−3.84)
	$Size$	−0.003 *** (−3.96)	−0.003 *** (−3.96)	−0.002 *** (−2.98)

续表

被解释变量		Rd	Rd	Rd
控制变量	Lev	−0.044 *** (−11.20)	−0.044 *** (−11.20)	−0.042 *** (−10.84)
	Roa	−0.048 *** (−9.09)	−0.048 *** (−9.09)	−0.054 *** (−10.22)
	Gov	0.004 *** (9.91)	0.004 *** (9.70)	0.004 *** (9.93)
	Constant	0.073 *** (10.63)	0.075 *** (12.46)	0.073 *** (10.75)
时间固定效应	Year	Yes	Yes	Yes
样本数	N	6 913	6 913	6 913
可决系数	R^2	0.382	0.391	0.391

注：***是指该变量在1%的水平下显著，**是指该变量在5%的水平下显著，*是指该变量在10%的水平下显著。

第三节 小 结

企业创新是我国经济增长的重要推动力。银行信贷作为企业创新研发活动的重要融资渠道，对企业的创新发展具有至关重要的作用。研究银行信贷对我国企业创新研发活动究竟具有什么样的影响，是当前阶段备受关注的问题。由于企业的创新研发活动具有收益不确定、信息不对称、孵化周期长等高风险特征，再叠加银企之间收益与风险的不对称性，低风险偏好度的银行可能会在信贷过程中抑制企业的创新行为，致使企业创新活动面临银行信贷约束的困境。与此同时，随着我国银行业管制的放松，银行业正在向竞争的方向发展。然而，当前我国银行业仍然具有一定的垄断特征，并未实现充分竞争的状态。这种银行业的市场结构可能会导致企业在信贷融资中的话语权被削弱，银行可以控制贷款利率，使部分企业难以获得信贷支持。如果银行业竞争加剧，高强度的竞争压力可以迫使银行提高贷款总量，降低贷款门槛，提高对风险的忍耐度，从而在一定程度上满足企业进行创新研发活动的融资需求。为了研究以上问题，本章通过构建年度与个体双向固定效应模型，以 2007—2019 年创业板上市公司为研究样本，通过实证研究得出以下结论：① 银行信贷强度会抑制企业创新投入，即高银行信贷强度的企业创新投入相对低，低银行信贷强度的企业创新投入相对高。② 银行业竞争度的提高有利于缓解银行信贷强度对企业创新投入的抑制作用。据此，本章提出以下政策建议：

首先，企业协同研发，提高自身竞争力。第一，建立企业间互联互通机制。企业创新活动由于具有高风险性和收益不确定性而受到银行信贷约束，而合作创新可以在一定程度上节省人力、物力，有效降低单个企业的风险。因此企业之间应打破信息壁垒，共享相关信息及资源，发挥各自的比较优势，共同开展创新研发活动，增加信贷可得性和便利性。第二，企业应建立健全创新活动的风险防范机制。创新项目的长周期性、不确定性等特征使得企业进行创新研发活动时面临较大风险，从而导致银行对其进行信贷约束。对此，企业应该完善风险防范机制，在创新项目开展之前全面评估风险和预期收益，谨慎合理地进行创新决策，规范创新行为，提升银行提供信贷支持的意愿。

其次，政府鼓励各银行参与信贷竞争，拓宽融资渠道。第一，政府要构建覆盖面广、层次多样、具有差异性的银行体系。具有高度差异性的银行体系可以使金融资源匹配效率得到大幅提升。大型国有银行面向大型国有企业，而中小银行面向中小型企业，这样的梯度贷款结构和银行竞争体系可以有效缓解企业创新面临的银行信贷约束困境，促进企业自主创新。第二，政府帮助民营银行充分发挥"鲇鱼效应"的作用。政府不仅要按照"成熟一家、审批一家"的原则不断鼓励民营银行进入银行体系，还要将民营银行的触角真正触及非国有企业和中小型企业。当然，其中政府的适当引导必不可少，降低准入门槛不等于"乱放"，政府要推动金融机构进行合理有序的良性竞争。

最后，政府提供风险融资担保，保护企业创新成果。一方面，政府要建立完善的创业风险投资体系。为避免企业尤其是非国有企业创新活动项目遭受银行信贷歧视，政府可以借力社会资本引导建立第三方风险评估机构。在这些第三方机构对企业的信用及创新项目进行专业的风险评估认定后，政府为资质较好的企业提供不同形式的融资担保，疏通企业创新项目融资渠道。另一方面，保护企业创新成果至关重要。政府应参考欧美等发达国家的专利立法机制，建立和完善符合国际标准、与国情相适应的专利制度，有效保护知识产权尤其是创新过程中形成的知识产权，为企业进行技术创新注入一针"强心剂"。

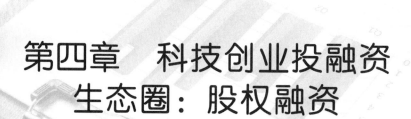

第四章 科技创业投融资生态圈：股权融资

第四章
科技创业投融资生态圈：股权融资

本章关注科技创业投融资闭环生态圈中的"股权融资"成分。科技创业失败的可能性很高，存在高度的融资约束，风险投资正是满足这些需求、面向技术创新型企业产生的投资机制，被视为 20 世纪 80 年代美国"硅谷神话"的缔造者。有关风险投资促进科技创新的话题受到学者的持续广泛关注。

第一节 股权融资与科技创业投融资生态圈

科技创业企业作为从事高新技术产品研发、生产和服务的中小企业群体，以民营背景为主，多处于企业生命周期的成长期，属于高风险、高投入、高成长、长周期的特殊企业，持续的技术创新是其生存和发展的基础。创新活动失败的概率较大，整个创新过程是漫长的，并且创新的产出是不确定的，创新过程中往往会发生许多难以预料的突发事件。在我国多层次资本市场尚未完善的情况下，科技创业企业无法积累足够的内部留存，资源匮乏，社会网络关系不佳，存在高度的融资约束，在发展过程中需要特别的投资机制满足其融资需求。风险投资正是应对这些需求、面向科技创业企业产生的投资机制。

1998 年，中国民主建设会中央委员会提出"大力发展风险投资事业"的提案，风险投资从此在我国进入快速发展阶段。2017 年，我国的风险投资规模达到了 300 亿美元，仅次于美国的 840 亿美元。美国之所以能成为世界上最大的风险资本市场，是因为美国的企业自身创新能力强，又有市场化导向、政府税收优惠等其他方面的激励和加持。美国风险投资总额占国内生产总值（GDP）的比例高达 0.43%，其投资规模占全球市场的 50%。最近几年来，中国的风险投资市场发展迅速，逐渐与美国缩小差距。未来中国如何利用自身优势来提升核心竞争力是创新发展的关键所在，而风险投资将在这一过程中发挥重要的作用。

风险投融资生态体系包括科创企业、风险投资机构、服务机构等投资主体。这些投资主体根据创业企业在不同阶段的风险程度选择合适的时间投资，而创新的过程是通过竞争促使企业为了生存和发展不断进行研发投入，从而获得相应的技术和知识的效益报酬。在这个过程中，市场制度和外部环境也会不断为企业提供多种支持，制度本身也会朝着理性和高效率的方向发展。风险投资机制受到市场的鼓励和支持，在助力企业更加积极地开展创新研发活动的同时，不断进行体制机制的创新，并且同科技创新一同进化。风险投资与私募股权投资的共生是指二者通过为科创企业提供增值服务获取收益的过程。但二者的投资时间点有所不同，风险投资多关注处于种子期和初创期的企业，而私募股权投资则多关注处于扩张期和成熟期的企业。由于二者的投资时间点有所差别，所以单独风险投资或私募股权投资的收益率并不高，但如果二者进行合作，就可以通过信息共享达到一个双赢的状态。风险投资和私募股权投资体系见表4-1。

表4-1 风险投资和私募股权投资体系

	风险投资（VC）	私募股权投资（PE）
投资阶段	种子期、初创期	扩张期、成熟期
投资规模	小、保证创业者控股身份	大、甚至控股
投资理念	财务型投资	战略性投资或产业整合
投资特点	直接投资	可以采用杠杆投资
目标收益	大	较大
投资行业	信息技术、生物等高新技术企业	现代服务业、高新技术产业、消费品制造业和消费服务业

风险投资机构是科技创业投融资生态系统中的重要组成部分，在推动科技创业方面具有独特的优势：

第一，风险投资机构专注于长远投资，能有效缓解面临融资约束的企业的研发资金短缺难题，降低企业的外部融资成本，为企业的研发活动提供资金，促进企业创新能力的提升。

第二，风险投资机构通常会派驻董事介入投后管理，从而发挥筛选和监督能力，包括监督企业经理人的工作、参与企业的经营管理、帮助企业物色高素质人才团队以及构建合适的激励体系，有利于提高被投企业的现代治理水平。

第三，风险投资机构会通过其社会关系网络，帮助被投企业整合资源，提高效率，降低企业创新研发中的不确定性，缩短新技术从研发到市场化的时间。

第四，风险投资的介入可以向企业内外部传递其价值或模式被认可的信息，起到"认证"作用，有利于企业获得供应商、市场的信任和认可，从而更容易招聘到高素质研发人员，提升员工创新积极性。

第二节 股权融资对科技创业的实证研究

风险投资机构在科技创业投融资生态系统中如何发挥作用？已有的研究更多地在风险投资参股、声誉、背景、投资活动形式、进入的时间点等方面展开研究，甚少有研究关注风险投资进入企业后向企业派驻董事对企业创新的影响。

一、研究假设

很多中小科技型企业因投资前景不明朗，研发活动面临相当大的风险，所以很难满足传统渠道融资的条件，从而苦于研发活动资金短缺问题得不到解决，而风险投资可以为创新项目、创新企业提供重要的初始资本。并且，有了风险投资的支持，科创企业的创新水平也会随时间的推移逐步提高。

风险投资机构的投资对象是创新创业企业。这类企业的创新过程往往伴随着高风险与高收益等特征。由于初创企业成立时间短，未来的发展具有不确定性，且在前期缺乏抵押品，从传统渠道难以获得资金，所以风险投资成为很多初创企业的主要融资方式。一方面，风险投资机构会直接向被投资企业提供资金支持，缓解企业在研发过程中遇到的资金难题；另一方面，当风险投资成为被投资企业的股东后，向资本市场发出"信号"，有助于企业获得其他渠道的创新融资，即当风险资本进入企业后，还会引起社会上其他资本的关注，增加企业在其他融资渠道获取资金的可能性，缓解企业面临的融资约束。被投资企业在获得资金支持以后，可以更好地从事研发活动，推动企业创新水平的提升。因此，我们提出假设 1。

假设 1：有风险资本支持的企业表现出更好的创新水平，即风险资本与企业创新呈正相关关系。

初创企业在内部研发的过程中面临着不确定性。风险投资机构为了缓解这种不确定性，通常会采用资金与管理相结合的模式。风险投资机构会视被投资企业的情况而决定是否委派风险投资董事参与企业的治理，为企业提供专业化和特色化的增值服务。风险投资参与企业管理的具体内容主要有以下四个方面。第一，监督企业经理人的工作。一般而言，初创企业的信息不对称问题比较普遍，这容易导致委托代理问题。企业经理人有可能利用信息优势为自身谋取利益，损害企业的利益。风险投资董事的加入可以监督企业经理人的日常工作，缓解企业与经理人之间的委托代理问题，提升企业创新水平。第二，参与企业的日常经营管理。风险投资机构有着丰富的管理经验，向被投资企业派驻的风险投资董事可以参与企业的日常经营管理，为企业的发展提出战略性建议，提升企业创新水平。第三，物色高素质的人才团队。风险投资机构向企业派驻的风险投资董事可以利用其长期的风险投资经验和网络资源，为企业带来高素质人才资源，帮助企业优化生产管理流程，有效配置企业的资源，提升企业的创新水平。第四，帮助企业构建激励体系。风险投资机构派驻的风险投资董事可以帮助被投资企业构建合适的激励体系，将企业的高管与股东的利益相结合，相互制约，从而减少企业高管的道德风险问题，促进企业创新水平的提升。因此，我们提出假设 2。

假设 2：在风险投资作为股东加入被投资企业后，派驻的风险投资董事可以提升企业的创新水平，即风险资本与企业创新的正相关关系在有风投董事的企业中更显著。

风险投资对企业创新的影响机制如图 4-1 所示。

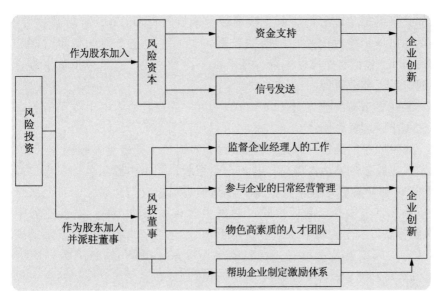

图 4-1　风险投资对企业创新的影响机制

二、研究设计

（一）样本选择与数据来源

1. 样本选择

本章选取 2010 年 1 月 1 日至 2011 年 12 月 31 日在深圳创业板上市的 244 家公司作为研究的初始样本，选择创业板上市公司的主要原因是深圳创业板主要支持中小型企业尤其是高新技术企业（包括科创企业）上市，容易受到风险投资机构的青睐。虽然上市公司面临的融资约束较小，但本章研究的股权融资代表的是公司 IPO 时是否存在风险投资。这些风险投资机构在公司上市前就已经注入资本，并作为股东参与公司发展过程。本章研究的是风险投资参与以及风险投资机构的派驻董事对企业创新的影响。出于数据可获得性考虑，我们选择的样本期为 2009 年至 2018 年。由于个别数据存在较大的标准差，为了消除异常值的影响，使研究结果更具有可靠性，我们对所有连续变量在回归之前都做了 1% 和 99% 的缩尾处理，共得到 2 440 个样本数据。

2. 数据来源

本章的数据来源主要分为两个部分：第一部分是数据库查找所得，第二部分是手工整理所得。企业微观数据来自同花顺 iFinD 金融数据终端，公司注册地相关数据来自国家统计局网站。企业上市前的信息（2009—2010 年），包括有无风投支持、风投机构持股占比、有无风投董事等，主要通过手工整理所得。

企业上市前的信息（2009—2010 年），从招股说明书中收集所得，主要来源于巨潮资讯网。

风投股东的确认（有无风投支持），本研究主要借鉴吴超鹏等（2012）识别风投股东的方法：第一，若该企业招股说明书中股东名称包含"风险投资""创业投资"等字眼，就认定其为有风投支持；第二，对无法认定的机构投资者股东，阅读招股说明书中对该股东的介绍，主营业务中有"风险投资""创业投资""创业资本管理""创业资本投资"等字眼的则认定其为有风投支持；第三，对剩余法人股东，在 Wind 经济数据库中的 VC/PE 库和 CVSource 投资机构库中进行查找，名录包含在这两个风投数据库中的，同样认定其为有风投支持。

风投机构持股占比，是将已确认的风投股东与招股说明书中公布的企业前十大股东进行匹配，确定其比例。若同一家公司有不止一家风投机构参与，则对其持股占比求和，即为风投持股占比。对未列入前十大股东的风投机构，通过查找该风投机构的名称或简称，搜寻招股说明书的主要股东中有无详细说明加以补充，剩余仍无法确定的，则说明其持股比例极小，忽略不计。

对风投董事的识别，首先查看招股说明书中董事会成员简历，若董事在任期间同时在风投机构任职，则确认其为风投董事。若无相关说明，则结合国泰安数据库中人物特征库查找，根据个人简历、职业背景、金融背景等字段综合判断；数据缺失和不明确的，可通过查看新浪网财经频道中各企业的董事会名单进一步确认。

（二）变量选择

1. 被解释变量

现有文献对企业创新的衡量各有不同，首先，在 Kortum 和 Lerner（2000）之后，Fabio 等（2015）、Dutta 和 Folta（2016）等以企业专利数作为衡量企业创新产出指标进行实证分析，国内很多实证研究也以专利数量来衡量企业创新水平，但是由于国内外专利制度存在差异，国内的专利制度中不同类型的专利所代表的创新程度是不一样的，现有的很多研究仅仅将专利数量进行加总来衡量企业的创新水平；其次，研发支出也常被用来衡量企业的创新程度，潘越等（2015）的研究是以研发支出的金额作为代理变量。考虑到研发支出的金额大小会受到企业规模的影响，无法准确衡量企业的创新绩效，所以我们借鉴 Celikyurt 等（2014）的研究成果，使用研发强度（Rd）作为衡量企业创新绩效的指标，该指标定义为公司研发费用与公司市值之比。

2. 解释变量

风险投资背景（Vcb）。本研究定义在 IPO 时有过风险投资机构作为股东提供资金的企业可以视为有风险投资背景。该变量是虚拟变量，有风险投资参与的企业则取值为 1，反之为 0。

风险投资董事（Vcd）。本研究将风险投资机构向企业董事会委派的风险投资家定义为风险投资董事（Vcd）。刘胜军（2016）将风险投资董事定义为在风险投资机构有过工作经历的董事会成员，但本研究的要求与之不同，本研究要求风险投资董事在董事任职期间仍在风险投资机构任职，且所在机构为该公司目前或曾经的股东，这样可以排除在非股东单位任职的风险投资家作为董事会成员发挥作用，目的主要是研究风险投资董事代表风险投资机构对企业创新的影响。该变量是虚拟变量，有风险投资董事入驻的企业则取值为 1，反之为 0。

3. 控制变量

结合已有文献（刘胜军，2016；温军和冯根福，2018），我们选取除解释变量外可能会对企业创新有显著影响的因素作为控制变量，具体如下。

（1）公司财务特征变量：① 企业规模，以公司总资产取对数来衡量；② 公司资本结构，以资产负债率即公司总负债与总资产之比来衡量；③ 盈利能力，以公司净资产收益率即净利润与股东权益余额之比来衡量；④ 偿债能力，以公司账面市值比即账面资产与市值之比来衡量；⑤ 创新能力，以无形资产占比即公司无形资产净额与总资产之比来衡量。

（2）公司董事会特征变量：① 风险投资机构的参与程度，以风险投资持股比例即报告期风险投资股东持股占比来衡量；② 公司成立时间，以报告期年度与公司成立年度之间的差额来衡量；③ 董事会规模，以董事会总人数来衡量；④ 独立董事占比，以独立董事人数与董事会总人数之比来衡量；⑤ 董事长和总经理两职合一情况，该变量为虚拟变量，如果董事长和总经理为同一人，取值为 1，否则为 0。

(3) 公司注册地的区域特征变量：① 教育水平，对公司注册地每十万人中平均在校生数（高等学校）取自然对数；② 人均可支配收入，对公司注册地省份城镇居民人均可支配收入取自然对数。

具体的变量定义见表 4-2。

表 4-2 变量定义表

变量类型	变量名称	符号	计量方式
被解释变量	研发强度	Rd	公司当年研发费用与公司市值之比
解释变量	风险投资背景	Vcb	虚拟变量，如果 IPO 时有风险资本支持，取值为 1，否则为 0
	风险投资董事	Vcd	虚拟变量，如果有风险投资董事，取值为 1，否则为 0
控制变量	风险投资持股比例	Vcs	报告期风险投资股东持股占比
	企业规模	$Lnsize$	公司总资产取对数
	资产负债率	Dar	公司总负债与总资产之比
	净资产收益率	Roe	净利润与股东权益余额之比
	账面市值比	Bm	账面资产与市值之比
	无形资产占比	$Intang$	公司无形资产净额与总资产之比
	公司成立时间	Age	报告期年度与公司成立年度的差额
	董事会规模	Dn	董事会总人数
	独立董事占比	Idn	独立董事人数与董事会总人数之比
	董事长和总经理两职是否合一	$Duality$	虚拟变量，如果董事长和总经理为同一人，取值为 1，否则为 0
	教育水平	$Lnedu$	公司注册地每十万人中平均在校生数（高等学校），取自然对数
	人均可支配收入	$Lndpi$	公司注册地省份城镇居民人均可支配收入，取自然对数

（三）模型建立

本章主要研究风险投资参与和风险投资派驻董事是否能够带来企业创新水平的提升，我们使用风险投资背景（Vcb）和风险投资董事（Vcd）作为解释变量，用研发强度（Rd）作为被解释变量。参考刘胜军（2016）的研究，为了验证假设 1，我们对全样本进行回归，建立模型 1；为了验证假设 2，我们将全样本分为有风投董事的样本和无风投董事的样本两个子样本进行对比研究，建立模型 2。本研究还在回归过程中控制了个体和时间固定效应。

模型 1：
$$Rd_{i,t}=\alpha+\beta_1 Vcb_{i,t}+\beta_2 Vcd_{i,t}+\beta_m Controls_{i,t}+\varepsilon$$

模型 2：
$$Rd_{i,t}=\alpha+\beta_1 Vcb_{i,t}+\beta_m Controls_{i,t}+\varepsilon$$

在上述两个模型中，$Rd_{i,t}$ 是公司 i 在第 t 年的研发强度，$Vcb_{i,t}$ 是公司 i 在第 t 年的风险投资背景，$Vcd_{i,t}$ 是公司 i 在第 t 年的风险投资董事，α 是常数项，β_i 是回归系数，ε 是随机误差项。$Controls$ 是控制变量。

三、实证结果分析

1. 描述性分析

表 4-3 是描述性统计结果。从表 4-3 中我们可以看出：

第一，T 检验结果中除了公司规模（$Lnsize$）、净资产收益率（Roe）、董事长和总经理两职是否合一（$Duality$）以及教育水平（$Lnedu$）几个控制变量外，其余变量在子样本间存在显著差异，也就是说样本公司在这些方面存在显著差异，即风险投资机构向企业派驻董事时会根据这些变量的数值来决定是否委派。

第二，从主要变量来看，样本公司研发强度（Rd）的均值为 1.079%，说明样本公司平均每年的研发费用与公司市值之比达 1.079%；样本公司的风险投资背景（Vcb）的均值为 0.492，说明样本公司中有风险投资背景的占 49.2%，风险投资的参与度比较高；有风险投资董事入驻的企业的风险投资参与的均值为 96.1%，而无风险投资董事入驻的企业的风险投资参与的均值为 38.9%，这在一定程度上说明风险投资机构倾向于向有风险投资参与的企业派驻董事；样本公司中风险投资机构对派驻董事的企业的持股比例（Vcs）的均值为 8.851%，要明显高于无风险投资董事的企业的 1.281%。由此可见，风险投资机构倾向于向风险投资持股比例高的企业派驻董事，当风险投资机构的资金投入较大时，就会使用管理与资金相结合的方式。

第三，从公司财务特征变量来看，样本公司中代表企业规模的公司总资产（$Lnsize$）的对数均值相对较小，说明公司的规模比较小，这符合创业板上市公司的特征；代表企业资本结构的资产负债率（Dar）的均值为 29.614%，样本公司的负债占资产的比率相对来说比较低，说明创业板上市公司的负债规模较小；代表企业盈利能力的净资产收益率（Roe）的均值为 10.308%，说明所选的样本公司的盈利能力尚可；账面市值比（Bm）的均值为 37.9%，说明创业板上市的公司具有较好的偿债能力；样本公司的无形资产占比（$Intang$）均值中，有风险投资董事加入的企业的均值要高于无风险投资董事的企业的均值，这说明风险投资董事对于企业的创新可能有一定的正面影响。

第四，从公司董事会特征变量来看，样本公司的平均年龄（Age）为 13.689 年，说明创业板上市的公司成立时间都不长，并且风险投资倾向于向成立时间比较短的公司派驻董事，这可能是因为成立时间较短的公司在经营管理方面经验不足，需要风险投资董事在公司治理方面发挥作用；有风险投资董事的样本公司董事会规模要大于无风险投资董事的样本公司，而独立董事占比又小于无风险投资董事的样本公司，这可能是因为风险投资机构派驻的风险投资董事不是作为独立董事加入公司董事会，而是作为一般的董事参与公司治理。

表 4-3 描述性统计结果

变量	有无风投董事	样本数量	均值	方差	极小值	极大值	T检验
Rd	0	2 002	1.061	0.982	0.000	12.560	
	1	438	1.163	1.008	0.030	7.830	0.050**
	总	2 440	1.079	0.987	0.000	12.560	
Vcb	0	2 002	0.389	0.488	0.000	1.000	
	1	438	0.961	0.193	0.000	1.000	0.000***
	总	2 440	0.492	0.500	0.000	1.000	
Vcs	0	2 002	1.281	4.219	0.000	29.750	
	1	438	8.851	7.448	0.000	29.750	0.000***
	总	2 440	2.640	5.743	0.000	29.750	
$Lnsize$	0	2 002	3.124	0.561	1.260	6.340	
	1	438	3.096	0.452	2.060	5.510	0.322
	总	2 440	3.119	0.543	1.260	6.340	
Dar	0	2 002	30.191	18.096	2.500	168.530	
	1	438	26.974	16.765	2.500	97.890	0.000***
	总	2 440	29.614	17.904	2.500	168.530	

续表

变量	有无风投董事	样本数量	均值	方差	极小值	极大值	T检验
Roe	0	2 002	10.284	17.058	−254.910	79.190	0.884
	1	438	10.414	15.746	−155.623	75.480	
	总	2 440	10.308	16.827	−254.910	79.190	
Bm	0	2 002	0.366	0.238	0.010	1.650	0.000***
	1	438	0.435	0.265	0.040	1.350	
	总	2 440	0.379	0.245	0.010	1.650	
$Intang$	0	2 002	4.307	3.991	0.010	44.990	0.000***
	1	438	5.044	4.727	0.020	26.690	
	总	2 440	4.440	4.142	0.010	44.990	
Age	0	2 002	13.974	4.842	2.000	33.000	0.000***
	1	438	12.388	4.263	2.000	26.000	
	总	2 440	13.689	4.782	2.000	33.000	
Dn	0	2 002	7.727	1.971	0.000	13.000	0.000***
	1	438	8.486	1.364	0.000	12.000	
	总	2 440	7.863	1.899	0.000	13.000	
Idn	0	2 002	0.371	0.087	0.000	0.600	0.000***
	1	438	0.356	0.052	0.000	0.500	
	总	2 440	0.369	0.082	0.000	0.600	
$Duality$	0	2 002	0.451	0.498	0.000	1.000	0.358
	1	438	0.427	0.495	0.000	1.000	
	总	2 440	0.447	0.497	0.000	1.000	
$Lnedu$	0	2 002	2.363	0.512	0.450	3.060	0.053*
	1	438	2.310	0.560	0.350	3.020	
	总	2 440	2.353	0.521	0.350	3.060	
$Lndpi$	0	2 002	10.392	0.344	9.390	11.130	0.000***
	1	438	10.202	0.316	9.410	11.130	
	总	2 440	10.358	0.347	9.390	11.130	

注：① ***、**、*分别代表在1%、5%、10%的水平显著，下同。② 表中数据除 Vcb 外，其他均为百分数。

2. 相关性分析

本研究主要变量之间的 Pearson 相关系数及显著性水平见表 4-4。从解释变量来看，风险投资背景（Vcb）与研发强度（Rd）之间呈现显著正相关关系，这表示在不考虑其他因素的情况下，风险投资背景会对企业的创新产生一定的正面影响，这初步验证了假设 1。风险投资董事（Vcd）与研发强度（Rd）之间呈现显著正相关关系，这表示在不考虑其他因素的情况下，风险投资董事会对企业的创新产生一定的正面影响，这初步验证了假设 2。另外，其余变量之间的相关系数最大为 0.439，这说明变量间的多重共线性问题并不严重。为了进一步验证本章前文的假设，将所有变量纳入一个模型回归。

表 4-4 相关性检验结果

	Rd	Vcb	Vcd	$Lnsize$	Roe	$Intang$	Age	Dn
Rd	1							
Vcb	0.081***	1						
Vcd	0.039*	0.439***	1					
$Lnsize$	0.242***	0.103***	−0.02	1				
Roe	−0.232***	−0.044**	0.003	−0.347***	1			
$Intang$	0.022	0.108***	0.068***	0.068***	−0.038*	1		
Age	0.186***	0.063***	−0.127***	0.315***	−0.284***	0.079***	1	
Dn	0.062***	0.038*	0.154***	0.222***	−0.105***	−0.003	0.060***	1

3. 回归结果分析

表 4-5 是风险投资背景与研发强度的回归结果。分析全样本的回归结果发现，风险投资背景（Vcb）与研发强度（Rd）的回归系数在 5% 的置信水平下显著为正，说明有风险投资支持的企业表现出更好的创新水平，这验证了假设 1。

接下来按照有无风投董事分组回归。在有风投董事的子样本中，风险投资背景（Vcb）与研发强度（Rd）的回归系数在5%的置信水平下显著为正，为0.477 7；在无风投董事的子样本中，风险投资背景（Vcb）与研发强度（Rd）的回归系数同样在5%的置信水平下显著为正，为0.086 1。组间差异检验结果表明，$Prob>Chi2$的值为0.004 6，说明本研究的分组在1%的置信水平下有效，因此可以比较两组回归系数的大小。可以发现，有风投董事子样本的回归系数（0.477 7）远大于无风投董事子样本的回归系数（0.086 1），说明风险投资背景提升研发强度的效果在有风投董事的企业中更显著，即风投董事的加入进一步提升了企业的创新水平，这验证了假设2。

表4-5 回归结果

	Rd（全样本）	Rd（有风投董事）	Rd（无风投董事）
Vcb	0.096 6** (2.462 4)	0.477 7** (2.190 3)	0.086 1** (2.159 4)
Vcd	0.096 8* (1.845 9)	— —	— —
$Lnsize$	0.207 7*** (5.151 0)	0.134 1 (1.101 6)	0.217 0*** (5.062 4)
Roe	−0.002 0 (−1.602 4)	−0.003 1 (−0.917 6)	−0.001 8 (−1.322 5)
$Intang$	0.003 3 (0.786 6)	−0.005 6 (−0.627 5)	0.003 0 (0.627 2)
Age	0.004 3 (0.936 7)	−0.032 1** (−2.496 5)	0.008 8* (1.805 8)
Dn	−0.007 6 (−0.771 4)	0.038 2 (1.242 8)	−0.009 3 (−0.882 9)
Idn	0.172 8 (0.752 6)	0.389 2 (0.480 7)	0.211 0 (0.875 2)
$Duality$	0.044 6 (1.265 0)	0.019 6 (0.225 3)	0.055 4 (1.431 0)
$Lndpi$	0.046 8 (0.621 9)	0.260 3 (1.459 6)	0.000 4 (0.005 0)

续表

	Rd（全样本）	Rd（有风投董事）	Rd（无风投董事）
Cons	−0.561 0 (−0.749 7)	−3.021 1 (−1.631 9)	−0.108 8 (−0.132 1)
N	2 440	438	2 002
R^2a	0.260 8	0.305 3	0.256 7
组间差异检验	/	$Chi2=8.02$ $Prob>Chi2=0.004\ 6$	

4. 稳健性检验

通过上述实证研究可以得出以下结论：① 风险资本参与对企业创新有一定的正面影响。② 这种正面影响会在有风投董事入驻的企业中表现得更加明显。对于这样的结论，有两种可能的解释：一是风险资本的支持不但缓解了企业研发活动的融资约束问题，还会向资本市场发出"信号"，有助于企业获得其他渠道的融资；风投董事的入驻为企业提供了专业化和特色化的增值服务，包括监督企业经理人的工作、参与企业经营管理、物色高素质人才团队以及帮助企业构建激励体系。二是风险投资机构在选择企业进行投资时，本身可能就偏好那些创新能力比较强的企业，这种"选择效应"会对实证分析的结果造成影响，也就是样本之间的系统性差异导致有风险投资董事入驻的企业表现出更高的创新水平。所以，本研究将通过倾向得分匹配法（PSM）为有风险投资董事的样本（处理组）匹配一组在研究期间没有风险投资董事的样本（对照组），最大限度地缓解样本选择偏差所带来的内生性问题。这里参考刘胜军（2016）的研究，将以有无风险投资董事作为因变量，采用Logistic模型进行倾向得分的估计，用于配对的变量采用的匹配方法为"邻近匹配法"，模型如下所示：

$$p\ (Vcd=1)\ =\alpha_1 Vcb+\alpha_2 Controls+\varepsilon$$

其中，Vcd 表示有无风险投资董事，是虚拟变量，"$Vcd=1$"代表该企业有风险投资董事，"$Vcd=0$"代表该企业无风险投资董事；p 代表风险投资机构委任风险投资董事的概率；α_1、α_2 是回归系数；ε 是随机误差项。

在影响因素的选择上，本研究主要考虑了对风险投资和企业创新有显著影响的因素。为了更好地解决选择偏差问题，除控制变量外，本研究还增加了以下4个匹配变量：公司资本结构，以资产负债率即公司总负债与总资产之比来衡量；偿债能力，以公司账面市值比即账面资产与市值之比来衡量；风险投资机构的参与程度，以风险投资持股比例即报告期风险投资股东持股占比来衡量；教育水平，对公司注册地每十万人中平均在校生数（高等学校）取自然对数。表 4-6 是倾向得分匹配结果。

表 4-6 倾向得分匹配结果

变量	因变量 Vcd 回归系数及显著性	处理	均值 处理组	均值 对照组	标准偏差 /%	标准偏差减少幅度 /%	P 值
Vcb	3.207***	匹配前	0.961	0.389	154.2		0.000
		匹配后	0.961	0.959	0.6	99.6	0.863
Vcs	0.111***	匹配前	8.851	1.281	125.1		0.000
		匹配后	8.806	8.970	−2.7	97.8	0.781
$Lnsize$	0.263	匹配前	3.096	3.124	−5.6		0.322
		匹配后	3.097	3.083	2.9	48.5	0.647
Dar	−0.018***	匹配前	26.974	30.191	−18.4		0.001
		匹配后	26.971	26.612	2.1	88.8	0.749
Roe	−0.010**	匹配前	10.414	10.284	0.8		0.884
		匹配后	10.398	11.821	−8.7	−99.8	0.248
Bm	0.595**	匹配前	0.435	0.366	27.2		0.000
		匹配后	0.436	0.427	3.2	88.2	0.666
$Intang$	0.031**	匹配前	5.044	4.307	16.8		0.001
		匹配后	5.051	4.341	16.2	3.7	0.019
Age	−0.060***	匹配前	12.388	13.974	−34.8		0.000
		匹配后	12.396	11.757	14	59.7	0.037
Dn	0.232***	匹配前	8.486	7.727	44.8		0.000
		匹配后	8.485	8.460	1.5	96.7	0.825
Idn	1.110	匹配前	0.356	0.371	−21.6		0.000
		匹配后	0.356	0.353	4	81.7	0.520
$Duality$	−0.372***	匹配前	0.427	0.451	−4.9		0.358
		匹配后	0.428	0.483	−11.1	−127.8	0.103
$Lnedu$	−0.204	匹配前	2.310	2.363	−9.9		0.053
		匹配后	2.314	2.329	−2.8	71.4	0.672

续表

变量	因变量 Vcd 回归系数及显著性	处理	均值		标准偏差 /%	标准偏差减少幅度 /%	P 值
			处理组	对照组			
Lndpi	-1.345***	匹配前	10.202	10.392	-57.7		0.000
		匹配后	10.203	10.186	5.1	91.2	0.435
N	2 440						

从表 4-6 可以看出，匹配之前，一方面，影响风险投资派驻董事的变量的 P 值大多在 0.1 以下，说明风险投资机构决定是否派驻董事时会根据这些因素进行判断，换言之，样本公司在这些方面有较大差异；另一方面，风险投资机构倾向于对有风险投资参与、公司资产规模较大、董事会规模较大以及风险投资机构股东占比较高的企业派驻董事，而资产负债率、公司成立时间、董事长和总经理两职是否合一以及人均可支配收入这些因素与风险投资是否派驻董事呈显著负相关关系。在 2 440 个样本数据中，有风险投资董事的样本数据有 438 个，通过倾向得分匹配，在无风险投资董事的控制组中找到 437 个匹配对象，最终得到 437 对数据，即 874 个有效样本数据。匹配后的数据除了在无形资产占比（Intang）和公司成立时间（Age）方面有较大差异外，其他变量的标准偏差明显减小，P 值大于 0.1，缓解了样本选择偏差带来的内生性问题。

对配对数据重新进行回归的结果如表 4-7 所示，风险投资背景（Vcb）与研发强度（Rd）的回归系数依然在 10% 的置信水平下显著为正；分析分样本回归结果，在有风投董事的子样本中，风险投资背景（Vcb）与研发强度（Rd）的回归系数显著为正；在无风投董事的子样本中，风险投资背景（Vcb）与研发强度（Rd）的回归系数不显著。这说明在考虑了内生性问题之后，本章的研究结论依然是稳健的。

表4-7 回归结果（PSM）

	Rd（全样本）	Rd（有风投董事）	Rd（无风投董事）
Vcb	0.2720*	0.4781**	0.1284
	(1.8821)	(2.1893)	(0.6813)
Vcd	0.0656		
	(1.1618)		
$Lnsize$	0.1497*	0.1340	0.2372**
	(1.7797)	(1.0998)	(2.0929)
Roe	−0.0031	−0.0031	−0.0031
	(−1.6207)	(−0.9231)	(−1.3383)
$Intang$	−0.0055	−0.0056	−0.0129
	(−0.8441)	(−0.6317)	(−1.3506)
Age	0.0097	−0.0321**	0.0347***
	(1.2681)	(−2.4934)	(3.7187)
Dn	−0.0035	0.0383	−0.0063
	(−0.1987)	(1.2429)	(−0.2910)
Idn	−0.8517*	0.3909	−1.5813***
	(−1.8521)	(0.4822)	(−2.9170)
$Duality$	0.0931	0.0189	0.1972**
	(1.5495)	(0.2167)	(2.4261)
$Lndpi$	0.0938	0.2587	−0.1440
	(0.7853)	(1.4466)	(−0.9210)
$Cons$	−0.8685	−3.0027	1.4681
	(−0.7237)	(−1.6167)	(0.9544)
N	874	437	437
R^2a	0.2663	0.3040	0.2881

第三节 小 结

基于2009—2018年的创业板上市公司数据,本章从风险投资背景和派驻董事两个视角入手,研究风险投资对企业创新水平的影响,得到的主要结论如下:风险投资的加入对被投资企业的创新有正面影响,且在同时派驻风投董事的企业中这种影响更加明显。这可能是因为风险投资机构向被投资企业派驻的风险投资董事可以监督企业经理人的工作、参与企业的经营管理、物色高素质的人才团队、帮助企业构建激励体系等,从而提升企业的治理水平,推动企业创新水平的提升。基于前文的研究结果,本章提出以下政策建议:

第一,从风险投资机构的角度来看,首先,风险投资机构作为股东参与被投资企业后,应适当考虑采取资金与管理相结合的方式。风险投资机构在为企业提供资金支持的同时,更为重要的是向企业派驻风险投资董事,从而为企业带来先进的管理经验,提升企业的治理水平。其次,风险投资机构还要加大力度打造风险投资家队伍,发挥专业人才的技能优势,从而可以有效配置被投资企业的创新资源,推动企业创新水平的提升。

第二,从企业的角度来看,企业在利用风险投资机构提供的资金时,要加强与风险投资机构的沟通交流,让风险投资机构向企业派驻董事进行指导,让资金可以更合理地分配到企业的各个创新领域,推动企业创新活动有效开展。

第三,从政府的角度来看,首先,政府作为市场的监管者,应出台相应的法律法规,规范风险投资市场,抑制风险投资机构的"逐名动机",同时还要着力于完善专利保护制度,为企业创新营造有利的市场环境,推动企业的创新。其次,政府可以通过设立创业投资引导基金扶持创业投资机构的发展,引导社会资金进入创业投资领域,同时还要鼓励风险投资机构向被投资企业派驻风险投资董事,参与企业的治理,从而提升企业的创新水平。最后,政府还要发挥财税政策和创新成果激励政策的引导作用,促进风险投资助力企业创新发展。一是出台税收减免和财政补贴政策，支持企业创业创新；二是设立创新成果奖励政策，激发企业的创新动力，推动国家创新驱动发展战略的实施。

第四，从社会的角度来看，银保监会可以通过增加"投贷联动"的试点地区和银行，促进商业银行与风险投资机构展开合作，缓解商业银行与初创企业之间存在的信息不对称问题，从而增加初创企业的融资渠道，使其获得更多的资金支持，推动企业创新水平的提升。

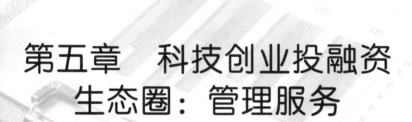

第五章 科技创业投融资生态圈：管理服务

第五章
科技创业投融资生态圈：管理服务

本章关注科技创业投融资闭环生态圈中的"管理服务"成分。科技创业投融资生态圈中的管理服务者包括政府、会计师事务所、律师事务所、人力资源机构、众创空间、孵化器等。政府在科技创业投融资生态系统中充当了关键角色，其职责从原来的研发奖励拨款改为与市场化金融机构合作，通过风险分担、信息揭示等方式，帮助科技创业企业解决投融资难题。2011年通过的《中华人民共和国国民经济和社会发展第十二个五年（2011—2015年）规划纲要》提出，要加大对企业创新和科研成果产业化的财税金融支持力度，推进重大科技基础设施建设和开放共享，促进科技和金融结合。同年10月20日，八部委联合发布了《关于促进科技和金融结合加快实施自主创新战略的若干意见》，明确提出要建立科技和金融结合协调的机制。

第一节 管理服务
与科技创业投融资生态圈

为促进科技创业投融资生态系统的良性发展，政府已从"监管者＋参与者"转换成为金融机构提供服务的"再服务者"。本章选取苏州工业园区作为案例，探讨地方政府为促进科技创业与金融资本相结合所做的金融资源综合配置与创新服务的一系列体制机制安排。2019年9月，江苏自贸区苏州片区正式挂牌，而苏州工业园区则是苏州自贸区建设的主阵地，加快构建科技创业投融资生态环境对于促进区域创新发展、建设自贸区发展高地具有重要意义。

一、债权融资的政府支持

从第三章的分析可知，创新创业活动具有收益不稳定、信息不对称、周期长等高风险特征，再加上债权人风险与收益的不对称性，银行会在信贷过程中抑制企业的创新行为。为解决这一问题，苏州工业园区的科技金融政策着力于服务科技创业企业。根据《关于加强科技金融结合促进科技型企业发展的若干意见》（苏府〔2009〕156号），科技型企业是指企业产品属于《国家重点支持的高新技术领域》范围，有原始性创新、集成创新、引进消化再创新等可持续的技术创新活动，形成企业核心自主知识产权，并以此为基础开展经营活动，在苏州市区域内注册的居民企业。科技型中小企业是指符合中小企业国家标准的科技型企业，具体包括：市级以上高新技术企业，承担市级以上重大科技项目的企业，姑苏领军人才、省高层次人才所创办的企业等。苏州市政府专门成立了科技金融服务体系[①]和一系列创新载体[②]。近年来，在政府引导、市场化运作的背景下，借助政府搭建的服务平台，科技金融生态圈已基本形成了"政府＋科技企业＋金融机构"的主要框架模式。苏州科技创业投融资生态系统中政府的支撑作用如图5-1所示。

自2010年起，科技银行在苏州工业园区开始试点。科技银行是指专门为科技型企业解决融资问题的银行机构。产品技术含量高、具有核心竞争力的科技型中小企业是其主要服务对象。在地理位置上，科技银行与科技型中小企业都坐落于苏州工业园区，银行可以为企业提供更好的服务，同时也可以降低银行机构的经营风险。

以2010年11月在苏州工业园区成立的交通银行苏州科技支行（简称"科技支行"）为例，该行通过为科技企业提供低融资成本服务，使得金融资源得到有效配置，推动企业经济发展方式转型。科技银行具有如下特点：运营团队具有针对性，运营模式独特且相对独立，业务中的授权、核算、考核和管理都是单独分开的。交通银行苏州科技支行的具体金融创新业务如表5-1所示，其中，科技支行对于种子期企业只有"投贷通"业务，

---

① 苏州市政府成立的科技金融服务体系包括姑苏人才服务平台、高新技术企业及产品服务平台、技术先进性服务企业服务平台、企业研究开发费用备案服务平台、自主创新产品管理平台、科技奖励成果评价服务平台、科技合作服务平台、软科学研究信息服务平台、科技金融服务平台、科技文献服务平台等。

② 苏州市政府成立的创新载体分为以下几类：重大研发机构，包括省级重大研发机构、市级重大研发机构；企业院士工作站；高技术研究重点实验室，包括国家级重点实验室、省级重点实验室、市级重点实验室；科技公共服务平台，包括国家级公共服务平台、省级公共服务平台、市级公共服务平台；工程技术研究中心，包括国家级工程技术研究中心、省级工程技术研究中心、市级工程技术研究中心；科技创业园（孵化器）；风险创投机构；科研院所机构，包括国家级科研院所、部属科研院所、市县科研院所；引进内外资研发机构，包括省级外资研发机构、市级外资研发机构、市级内资研发机构；等等。

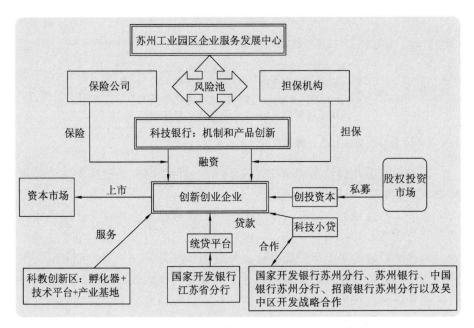

图 5-1　苏州科技创业投融资生态系统中政府的支撑作用

大部分融资业务主要是为了给初创期至成熟期的企业提供融资服务。"投贷通"业务是指科技支行通过与创业投资公司合作,根据企业发展的不同阶段提供融资的融资渠道。一方面,科技支行在提供贷款时会参考创投公司认定的经营状况正常、信用状况良好、发展前景较好的科技型中小企业,优先选择为这类企业发放贷款,解决融资难题。另一方面,科技支行会在创投公司投资之后,对科技型中小企业跟投一定比例的资金。科技支行、创投公司、被投资或贷款的企业之间会签订协议,约定债权转让或股权配套相关事项,分享企业的成长收益,达成利益共享、风险共担的合作关系。

表5-1 交通银行苏州科技支行对高科技企业的金融创新业务

发展阶段	风险性	科技支行创新产品	贷款用途	可获得的融资渠道
种子期	极高	"投贷通"业务	以获得风险投资金额的一定比例跟投	自有资金 家人资助 天使资本 政府等
初创期	很高	"创业一站通"业务 "智权"融资业务 "合同能源管理"业务	短期流动资金消耗费用支付	天使资本 创业资本

续表

发展阶段	风险性	科技支行创新产品	贷款用途	可获得的融资渠道
成长期	高	"科贷通"业务 应收账款融资业务 "基金宝"业务 股权质押贷款业务	科技项目产业化 对用途支付等 科技成果转化专项资金 企业经营正常资金需求	创业资本 创业板 IPO 融资 商业银行介入

资料来源：交通银行苏州科技支行《产品手册》。

交通银行苏州科技支行通过与政府合作为科技创业企业提供融资渠道的方式主要有以下三种。

第一，科技银行与政府合作（图 5-2）。该合作主要体现为由交通银行苏州科技支行和苏州市科技局、财政局合作推出的"科贷通"贷款业务产品。该产品可以为单笔单户提供最高额度为 500 万元的贷款，期限最长可达两年。科技局、财政局、科技支行之间签订合作协议，政府向科技支行存入一定金额的风险补偿金，并提供不低于风险补偿金十倍金额的贷款额度。为了鼓励科技银行向科技型中小企业提供贷款，政府通过搭建科技金融服务平台，运用科技型中小企业信贷风险补偿专项资金来承担一定的代偿责任，一定程度上缓解了科技型中小企业的融资难题。政府分担了银行的信贷风险，通过知识产权质押和债权转股权等措施，提高银行的放贷积极性，减轻企业的资金压力，帮助企业"造血"，走上良性的发展道路。过去，政府财政资金是"点对点"的无偿使用，政府主要采取无偿补助的方式支持科技型企业的发展和创新投入。现在，政府财政资金变成了"面对面"的循环使用，这有利于真正处于瓶颈期的科技型中小企业摆脱融资困境，使财政资金资源得到更有效的配置。科技支行在具体的科技贷款管理过程中已经初步形成了迅速、规范的贷款流程和机制，制定了快速贷款流程和审核制度，成立了咨询专家库和贷款审核小组，完成了企业网上注册、评审、申请、审核等信息系统建设，提高了效率和便利程度，为科技型企业贷款提供绿色通道。

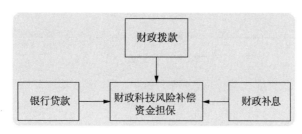

图 5-2 科技银行与政府合作示意图

第二,"科贷通"产品与股权投资对接(图 5-3)。"拨改贷"使政府提升了对科技型企业的支持效率,解决了科技型企业前期商业风险较高的难题,也为商业银行建立起一个多种业务拓展的平台。

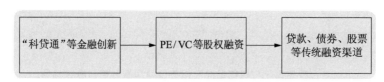

图 5-3 "科贷通"产品与股权投资对接示意图

第三,银投联贷。银投联贷是指科技银行以政府的相关扶持政策为基础,以优惠的利率、更低的门槛为科技企业提供信贷服务。与此同时,还有保险公司、担保公司及创投机构与科技银行合作进行银投联贷。保险公司可以提供专门的保险产品,担保机构可以降低担保的相关费用。

由于科技型中小企业存在规模小、资产不足、抵押物较少、财务不健全等问题,科技银行在对这些企业发放贷款时,需要企业找担保公司担保或参加保险公司投保。因此,苏州已构建起科技银行与科技保险及担保公司风险补偿和分散机制(图 5-4),同时成立了苏州市信用再担保有限公司[1],该公司推出多项再担保创新产品,经该公司增信后,科技型企业的信用等级有所提高,有利于商业银行对该类企业融资。

---

[1] 公司于 2011 年 4 月 22 日获得江苏省金融办筹办批复,于 2011 年 8 月正式成立。首期注册资本为 6 亿元,目标资本规模 10 亿元。公司秉承"诚信、聚力、创新、共赢"的企业精神,以促进中小企业健康发展为己任,充分借助各级政府的有力扶持和公司经营领域广阔的优势,以再担保业务为主体,以多功能金融服务为支撑,致力于构建覆盖苏州大市范围的中小企业信用再担保体系,坚持政策性导向和市场化运作相结合,发挥"分险""增信""规范""扶持"的作用和功能。

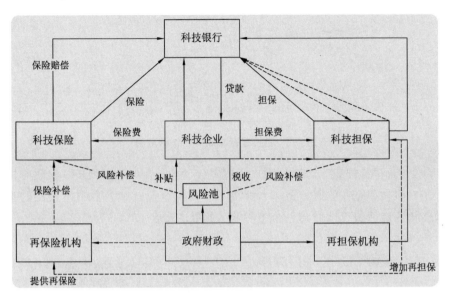

图 5-4　科技银行与科技保险及担保公司风险补偿和分散机制

二、股权融资的政府支持

我国的创业风险投资产业起步较晚，经过 20 多年的迅速发展，如今已经具备一定的规模。但其中也存在一定的问题，主要是创业投资机构选择的投资对象大多是处于成熟期的科技型企业，这样的选择主要是为了追逐高额的回报。这种投机现象导致了科技型企业处于种子期和初创期时很难获得资金的支持，这严重制约了我国创业投资产业的健康有序发展。

政府在科技创业股权融资方面的支持主要通过设立引导基金和母基金的方式，引导民营资本投资进入科技创新投融资生态系统，通过与民营普通合伙人合作的方式，共同设立子基金，为企业发展提供资金。同时，政府设立的母基金往往附有让利和税收优惠政策，以优惠的政策鼓励民营资本投入科技创新投融资生态系统。

一是设立引导基金。引导基金一般由政府设立，主要是为了引导社会资金扶持科技企业的发展。政府本身并不参与创业投资业务。引导基金一般按照市场化的方式运作，如图 5-5 所示。例如，在 2007 年，我国科技部和财政部批准设立创业投资引导基金，引导创业投资机构的资金投向处于种子期和初创期的科技型中小企业，主要措施包括风险补助、阶段参股和投资保障等。引导基金设立的主要目标是有效配置财政资金,放大财政资金的杠杆效应,增加科技型企业的创业资本市场供给,从而解决仅通过市场来配置创业投资资本导致的低效率问题。引导基金通过鼓励创投机构将资金投向处于种子期和初创期的科技型企业,缓解科技企业面临的融资问题。引导基金的设立促成创新创业系统逐步建立起符合市场规律的科技型企业投融资机制,从而有效配置科技投资的资源,为科技型中小企业的发展营造良好的融资环境。苏州工业园区设立了100亿元的政府引导基金,专门用来引导创投机构的资金进入园区内处于种子期、初创期等创业早期的企业。

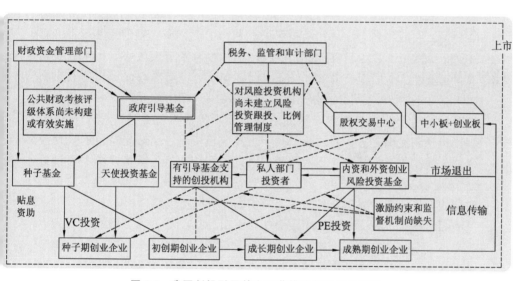

图 5-5 我国创投引导基金运营模式与激励约束图

二是设立母基金。2010年年底,苏州成立了国内首个国家级、总规模达600亿的人民币母基金,它是由苏州创业投资集团有限公司、国开金融有限责任公司、全国社会保障基金理事会、中国人寿保险(集团)公司、中国再保险(集团)股份有限公司共同参与成立的。该基金可分为私募股权投资和风险投资两个板块。两个板块投资的专注点不同。其中,私募股权投资板块专注于产业整合和并购重组,风险投资板块主要专注于投资处于种子期和初创期的科技型企业。两者都专注于高成长性的企业,但侧重点不一样。前者更关注产业整合和并购重组,后者则更关注科技创新企业。另外一只基金是由苏州市和全国行业优势明显的机构及精品团队于

2007年设立的创新产业发展引导基金，注册资本达120亿元。苏州目前已经有12只子基金签约入驻，总注册规模达220亿元，投资范围涵盖众多领域，致力于打造省内一流、国内领先的基金，推动经济转型发展。苏州工业园区在2019年设立了一只天使母基金，注册规模达20亿元，主要目的是为园区打造系统的投融资生态圈，完善园区的创新资本生态系统，通过与一线风险投资机构、科研院所、企业加速孵化基地、高新技术创业服务中心、行业龙头企业等合作设立天使基金，扶持优秀创业项目，打造具有园区特色的创新创业生态，培育出一批优秀的初创企业。

三是建设国有创投平台。苏州元禾控股股份有限公司（简称"元禾控股"）成立于2007年9月，在2012年11月之前名为苏州创业投资集团有限公司，而后更名为苏州元禾控股股份有限公司。该企业管理资金达345亿元，经营范围覆盖股权投资、债权融资和投融资三大板块。元禾控股自成立起就专注于股权投资领域，成立时注册资本只有2.5亿元，到后来集团成立又增资30亿元。该公司旗下拥有多家管理团队，为不同投资阶段和投资领域的企业提供服务。除此之外，元禾控股母基金还建立了投资网络，为企业提供更多优秀的资源。元禾控股投资平台上最具特色的天使投资基金是原点创投基金。元禾控股借鉴以色列孵化器的服务功能，通过设立天使投资孵化基金，重点关注处于种子期的创业项目，为企业打造量身定制的孵化业务，将创新思想变为现实，促进创新成果产业化。

四是建设苏州工业园区东沙湖基金小镇。2017年5月3日，江苏省发改委正式发文公布第一批25家省级特色小镇创建名单，其中唯一一家与金融产业相关的东沙湖基金小镇入选。该小镇位于苏州工业园区东部，占地面积近4平方千米，核心区域占地1.6平方千米，并且以核心区域为基础向东北方向延伸。该小镇目前形成了私募基金产业链，致力于打造中国基金新高地。该小镇已被纳入元禾控股旗下子公司管理。截至2019年12月底，已经有180家私募股权投资机构入驻该小镇，共有302只基金成立，基金总体规模超过2 110亿元。

三、风险分担机制和创新创业服务平台

1. 风险分担机制

风险补偿资金是一种信用保障资金。它的主要用途是当银行机构为科技企业提供贷款遭受损失时，可以对银行机构进行一定的补偿，以此鼓励

银行加大对科技型中小企业提供贷款的力度。这种创新型金融产品体现了政府、银行、风险基金、担保机构以及保险公司合作的商业贷款模式，提高了资金的使用效率。

苏州市成立了科技贷款风险补偿资金池。苏州工业园区出资设立了5 000万元的中小企业融资风险补偿资金池以及首期4 000万元的新兴产业融资风险补偿资金池，旨在推动科技型企业征信体系和数据库建设，为科技型企业的贷款提供信用保证和风险补偿。贷款企业需要通过政府相关部门推荐才能被纳入风险补偿基金，在与银行、担保机构、保险等金融机构协商的基础之上，确定放款的利率。如果发生损失，则需要政府和参与机构共同分担风险。具体而言，风险补偿资金池的主要用途有三点：第一，科技银行的科技贷款遭受损失的补偿和利息补贴；第二，担保机构为科技贷款进行融资担保时的担保费率补贴；第三，保险机构对科技贷款产生损失的补偿。

2. 创新创业服务平台

信息不对称是造成资金供给方与需求方无法配对的根源。苏州工业园区致力于建立一系列创新创业服务平台以解决信息不对称问题。

第一，成立苏州工业园区企业发展服务中心，为园区的创投引导基金、产业基金、风险补偿资金池、苏南科技企业股权路演中心平台等提供政策性科技金融服务。同时，通过整合园区科技金融服务资源，加强政府与元禾控股、苏州金融资产交易所等新型机构的合作，促进政府与市场化机构互补互促的科技金融创新局面的出现。企业发展服务中心依托园区现有的科技枢纽系统，运用"互联网＋大数据"思维，将苏南科技企业股权路演中心（项目路演及辅导）、科技服务超市（社会化服务对接）、科技金融服务平台（投融资需求对接）、园区科技公共服务平台协作共享网（仪器设备实验室资源）、产学研服务平台（产学研对接）、信用卫士（企业信用档案）、独墅湖图书馆情报信息网、中小企业服务热线、各服务窗口微信公众号等线上平台进行整合，把科技企业、金融机构、创新创业载体、高校研究所、中介机构等主体纳入数据库统一管理，实现全区科技服务资源的线上集聚、数据联通及系统对接，为创新服务、精准服务、个性服务提供基础条件，打造园区科技服务体系健康发展的生态系统。

第二，建立科技型企业信息库和金融机构库。由政府搭建的科技型企业信息库不仅能起到信息汇总的作用，还能起到信息认证的作用，帮助企业提高信用等级。目前入库科技型企业超过8 000家。纳入企业信息库的企业都有各自的信用档案，方便金融机构查询和了解，降低了金融机构的市场开拓成本，也提高了金融机构的风险识别能力。同时，政府搭建了多元化金融机构库来服务科技型企业，该库内汇集了700余家各类金融机构，包括银行、保险、股权投资、融资租赁等机构，为种子期、初创期、成熟期的各类科技型企业提供服务。

第三，搭建公共服务平台。对科技型企业而言，其初创期往往需要大量的测试、设计硬件平台，而这些平台的购买成本往往不是初创期企业能够承担的。为了支持那些科技含量高、符合产业规划和产业链需求的小企业，园区相继建成了纳米技术服务平台、新材料服务平台、生态环保服务平台、融合通信服务平台、集成电路设计服务平台、软件服务平台、动漫游戏服务平台等20多个服务平台。园区在建设这些公共服务平台时，或通过科研院所，或独立建设运营，提供了包括纳米加工、纳米分析测试、数据中心和网络托管、集成电路设计和测试、动画设计渲染、软件评测、生物医药分析等20多类科技企业运行所需的重要服务，这些服务节约了企业初创期的固定资产投入，也提高了园区资源的整体运用效率。

第四，搭建苏州综合金融服务平台（由苏州市地方金融监督管理局直接负责）。截至2020年4月，通过该平台注册的企业共有50 214家，平台机构65家，金融产品261项，平台发布67 684项需求、7 415.8亿元融资，金融交易解决42项需求、4.05亿元融资，银行共解决了10个区域的40 260项总额为6 017.78亿元的融资。

第五，搭建园区科技型中小企业统贷平台。2007年3月18日，在苏州工业园区管理委员会、国家开发银行江苏省分行的共同指导下，苏州工业园区的科技型中小企业统贷平台由元禾控股负责管理运营。该平台注册资本达4 000万元，国家开发银行江苏省分行给予统贷平台8 000万元的中长期贷款授信额度，中国农业银行给予统贷平台1亿元的专项授信额度，统贷平台负责统借统还。

第六，搭建苏南科技企业股权路演中心。在2012年，苏州工业园区迎来了苏南科技企业股权路演中心的落地。该中心通过项目路演为科技型中小企业提供相关服务，服务主要包括对企业进行融资辅导、展示优势项目、提供技术交易服务等。它聚焦于创业者对"现金流、产品、运营"的需求，致力于将自身打造成为一个集融资对接、产业发展、运营管理为一体的服务平台，其依托平台已有的 300 多家投资机构、金融机构以及行业龙头企业，为科技型中小企业发展提供服务。苏南科技企业股权路演中心服务产品见表5-2。

表5-2 苏南科技企业股权路演中心服务产品表

服务平台	功能模块	服务产品
融资对接平台	股权融资服务	天使投资
		风险投资（VC）、私募股权投资（PE）
	债权融资服务	初创期企业贷款（融风科贷）
		成长期企业贷款（苏科贷、助力贷、科技贷、信保贷等科技金融产品）
		成熟期企业贷款（区域集优、私募债等）
	资本市场交易	产业并购
		股权交易
产业发展平台	研发制造服务	技术转移
		产品设计开发、检验测试服务
		物料采购、委外加工
	市场开拓服务	产业链上下游对接
		营销宣传（网络营销、新品发布、创新宣传等）
运营提升平台	创业培训及咨询	企业家训练营（建圈子、创业工具）
		运营管理知识培训（财务、法律、人力资源、知识产权代理等）
	业务外包服务	科技服务超市

第七，搭建科技金融服务平台——苏州市科技金融超市（图5-6）。科技金融超市通过汇集政府部门的政策优势和资金扶持、金融机构的创新型金融产品、中介机构的创新中介产品以及科技型中小企业的完整资料等资源，实现有效配置金融资源、发挥政策优势、降低交易成本、促进产业升级发展的目的。一方面，以科技金融政策为引导，以财政资金为支撑，让线上和线下金融服务平台相互结合，打通金融机构与科技型中小企业之间的信息通道，降低信息不对称性，构建政府、金融机构、中介机构、企业为一体的苏州科技金融模式。另一方面，通过整合各方金融产品，包括银行信贷产品、担保产品、租赁产品、创投产品、保险产品等多种类型，打造一种新的金融创新产品，形成多层次金融产品体系，实现各主体之间的

良好互动和有效对接。

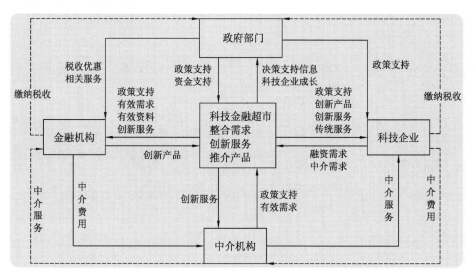

图 5-6 苏州科技金融超市线上线下运营模式和互惠共赢机制

科技金融超市的主要职能是汇集政府、金融机构、中介机构以及科技型中小企业的资源，将企业的融资需求传递给金融机构，将企业的中介需求传递给中介机构。科技金融超市对科技企业的信息掌握得比金融机构和中介机构更多，所以可以降低企业与金融机构和中介机构之间的信息不对称性。同时，科技金融超市还可以将金融机构和中介机构的创新金融产品介绍给科技型中小企业，为企业扩宽融资渠道，促进企业发展。这在一定程度上形成了政府、金融机构、中介机构和科技型中小企业的互利共赢机制。

第二节 服务者对科技创业投融资生态系统的支持效应

一、科技创业的科技金融政策调查研究

科技金融政策作用的发挥离不开政府的支持,苏州工业园区科技金融政策的实施情况是一个典型的例子。研究者通过走访和发放问卷对已经享受科技金融政策的企业进行了调研,试图从市场第一线调查苏州工业园区科技金融政策支持科技型中小企业创新的发展成效。本次调研一共发放了80份问卷,收回问卷56份,回收率为70%。除问卷调查外,研究者还通过电话、电子邮件、面对面交谈等调查方式对问卷信息进行补充和再次确认。

1. 企业基本情况

(1) 从企业注册年限和发展阶段来看,大多科技型中小企业尚处于发展初期,60%的企业至本次调查时注册不足2年,59%的企业处于种子阶段和初创阶段。科技型中小企业的成立时间大多较短,其中,样本中40%的企业注册成立期限只有1~2年,成立年限在0~1年的样本企业占20%,发展成熟的科技型中小企业占比较少,注册10年以上的企业数只占10%。

(2) 科技型中小企业的准入门槛低且规模比较小。问卷结果显示,一半以上企业的职工人数在50人以下,其余的在50~300人之间。企业的资产总额随着企业成立年限的增加而增加,注册年限在1~2年之间的企业的资产总额多在100万~500万元之间。这表明在最近两年内,有很多科技型中小企业成立,科技型中小企业的准入门槛也在不断降低。

(3) 从科技型中小企业的行业类型来看,问卷结果显示,科技型中小企业主要集中于光机电一体化、新能源、高效节能等行业。其中,属于光机电一体化行业的企业占全部样本的26%,属于新能源、高效节能行业的

企业占全部样本的20%。由此可见，科技型中小企业主要属于高新技术行业，但是，相关市场发展还不够成熟，具有一定的创业风险。

（4）从科技型中小企业研发部门的设立情况来看，科技型中小企业的研发部门是核心部门，近90%的企业都专门设置了研发部门。从科技型中小企业的研发投入占销售额的比例来看，约有30%的企业的研发投入占销售额的比例在10%以下，这可能是因为部分企业成立时间比较短，缺乏资金投入；约有30%的企业的研发投入占销售额的比例在50%以上，这可能是因为部分企业成立时间较长，有足够的资金投入。

（5）从企业性质来看，样本企业中民营企业占比最多，且股权相对比较集中。私营企业和有限责任企业总共约占总样本的75%，三资企业约占总样本的25%，样本企业中没有国有控股企业和股份有限企业。

（6）从科技型中小企业的控股股东属性来看，近一半企业的控股股东是国内大学的毕业生；控股股东是国内高校教师和海外归国人员的企业各占总样本的20%左右，而控股股东是国家政府部门的企业只占总样本的10%左右。这表明苏州工业园区创业氛围浓厚，创业环境良好。

（7）从企业的资产、负债和销售规模来看，被调查企业可以分为两种情况：一种是规模比较小的企业，另一种是规模中等的企业。其中，规模比较小的企业资产规模在100万元到500万元之间，负债总额在100万元到500万元之间，销售额则低于100万元。规模中等的企业资产规模在5 000万元到1亿元之间，而负债总额在1 000万元到5 000万元之间，销售额也在1 000万元到5 000万元之间。比较两者我们可以发现，规模比较小的企业通常呈现负债水平较高、销售额比较低的特点；而规模中等的企业呈现出负债水平相对较低、销售额比较高的特点。这可能是因为企业在成长的过程中，不断获得资金，融资渠道也逐渐增加，进而负债水平下降，经营状况也越来越好。

2. 企业融资情况

以自有资金为主的科技型企业的外源融资方式主要是向银行申请贷款，并且授信额度不会太高。这类融资方式通常需要担保机构为贷款做担保，而市场担保机构的担保费率较高，这增加了企业的融资难度。由于缺乏融资专业相关知识，这类企业很少通过其他融资渠道进行融资。准入门槛和成本较高也是这类企业很少通过其他融资渠道进行融资的原因。

（1）以自有资金（内部积累）为主要资金来源的企业占全部样本的

44%；资金来源是银行或信用社贷款的企业占全部样本的31%；资金来源是民间借贷的企业占全部样本的25%。由此可以看出，自有资金是企业创业资金的主要来源，银行、信用社贷款和民间借贷相对较少。被调查企业关于"最期望通过什么方式融资"这一问题的回答不尽相同，其中超过一半的企业希望通过银行或信用社贷款和政策性贷款融资，约1/4的企业希望获得创业投资基金的帮助，其余企业希望的融资方式包括私募股权融资、资本市场融资等。这在一定程度上可以说明当前科技型中小企业的融资渠道比较单一，构建一个多层次、多渠道的融资环境有利于科技型中小企业的发展。

（2）从科技型中小企业对资金的需求期限来看，首先，期限在1～3年之间的贷款比较符合大部分企业的融资需求，反映当前科技型中小企业更希望能获得长期资金投入。其次，期限在1～3个月之间的资金也比较符合部分企业的需求，这主要是为了增加企业的短期流动资金。不同企业对不同期限的资金需求体现了企业的发展阶段存在差异，初创企业往往自有资金不足，发展初期资金需求比较大，同时难以获得银行长期贷款，因此较多的银行贷款都是1～3个月的短期贷款；而成长期和扩张期的科技型企业通常已经形成了稳定的现金流，短期流动资金相对充足，并且此时企业具有一部分可以抵押的无形资产，且处于该阶段的企业可选融资方式增多，应付账款、汇票等多种方式可为其提供短期资金，因此处于成熟阶段的企业资金需求主要是长期资金。

（3）由于融资渠道不多，科技型中小企业多数选择银行来进行融资。有近四成企业获得银行贷款的成功率为100%，可见银行对科技型中小企业的发展持支持态度。但也有1/4的企业没有申请银行贷款，这可能是因为银行贷款的申请条件比较严苛，企业自身无法满足贷款条件，也可能是因为部分企业尚处于成立初期，自有资金足够企业初期运转，无须外源融资。提供贷款的银行中，全国性股份制商业银行为科技型中小企业提供贷款的总额占科技型企业获得贷款总额的六成左右，其次是城市商业银行，大约占三成，但四大国有银行仅占一成左右。这说明了国有银行在扶持科技型中小企业方面的工作做得不足，未能将科技型中小企业纳入自身贷款业务的主要对象。

（4）企业的融资方式一般来说有很多，并不是只有银行一种融资渠道可以获得资金。其他融资渠道包括固定资产贷款、担保贷款、各种类型的质押贷款等，但大部分企业对这些融资方式并不了解。仅有4%的企业使用过这些融资方式，其余企业都未使用过；28%的科技型中小企业表示了解但未使用过其他金融工具，另一部分企业则对这些融资方式并不了解。总体来看，科技型中小企业对融资知识和融资市场信息的掌握严重不足，以银行融资为主的融资方式会为银行类金融机构带来较大的资金压力，而其他融资渠道又面临"有资金无标的"的投资困境，所以，疏通企业融资渠道、鼓励企业通过其他金融工具融资是当前缓解科技型中小企业融资难题有效、快速的方法。

（5）银行贷款是科技型中小企业的主要融资方式，但是企业在获得银行贷款的同时，必须提供抵押品或者申请担保。抵押对于成立初期缺乏足额抵押工具的企业比较困难，向担保机构申请担保则是获得贷款额度的较好选择。对企业的担保调查显示，大部分科技型中小企业都未申请过担保，向1家担保机构申请过担保的企业仅占总样本的25%。在对企业申请担保过程中遇到的问题的回答中，34%的企业反映难以辨别中介机构的资质，另外一部分企业表示中介机构的服务水平不高、中介机构的诚信度较低以及缺少合适的寻找中介机构的渠道。

（6）除银行贷款这一融资渠道外，我们还对科技型中小企业获得创业投资支持和产权融资的模式进行了调查。关于企业是否获得过专业创业投资机构的投资的调查结果显示，近九成的企业融资都未涉及创业投资机构。通过进一步的调查得知，约一半的样本企业表示缺乏对创业投资的了解，近三成的样本企业认为创业投资机构选择企业时存在问题。这说明了一方面大部分科技型中小企业对于专业创投机构的投资了解不够，另一方面专业创投机构未能具备良好的专业素质。这两方面的原因使得创业投资这一融资方式未能很好地发挥作用。关于企业是否利用过产权交易方式进行融资的调查结果显示，有将近九成的企业未利用过这种方式。通过了解原因得知，相当一部分企业认为该融资方式过于复杂，很多企业表示自身不能达到该种融资的要求或者不了解该融资方式。关于企业使用民间借贷的主要方式，约有1/3的企业通过向股东、职工、社会进行借贷，其余则是通过向其他企业借款或者进行商业票据的贴现或转让等。

3. 企业融资环境

（1）关于企业过去三年在融资过程中面临的主要问题的调查结果显示，有近三成的企业认为银行贷款业务的激励机制不够合理，银行从业人员无开展贷款业务的动力,且银行缺乏对科技型中小企业的专项贷款,导致企业面临融资困难;有近两成的企业认为可供选择的融资方式过于单一;其余企业则认为资金供需双方的沟通不畅、缺乏中介服务的有力支撑、缺乏担保机制和机构等是企业融资过程中面临的主要问题,但是企业并没有对金融产品创新问题表示不满。由此可见,科技型中小企业在融资过程中遇到各类阻碍,主要是因为投资机构未能完全照顾到科技型中小企业这一特殊的企业类型,不能提供更加妥帖的融资服务,投融资双方沟通不到位,导致融资渠道不畅。

(2) 关于企业最需要的中介服务的调查结果显示,有近1/4的企业表示需要技术产权交易相关的服务;有1/5的企业表示需要财务咨询方面的服务,这也反映了科技型中小企业缺乏专业财务人员,导致其融资困难;其余企业则表示需要上市融资、私募融资、资产和资信评估、公正和仲裁、法律咨询等方面的服务。

(3) 关于企业在寻找和使用中介服务过程中遇到的问题的调查结果显示,有三成左右的企业表示难以辨别中介机构的资质,其余则反映中介机构的服务水平不高、中介机构的诚信度较低以及缺少合适的寻找中介机构的渠道。这说明:一方面,当前苏州已有的中介机构未能在科技型企业和金融机构之间发挥应有的作用;另一方面,政府未能规范和管理中介机构。

(4) 关于企业认为政府在推动融资方面应该做的工作的调查结果显示,有相当一部分企业认为政府应当建立科技型中小企业信用档案,积极向金融机构传递企业信息,缓解二者之间的信息不对称问题。因为科技型中小企业在申请贷款时没有抵押品进行抵押,所以信用融资对科技型中小企业非常重要。另外,部分企业认为政府应当推动成立小额贷款公司来满足企业对资金的需要,这可能是因为银行贷款未能满足科技型中小企业的融资需求,而小额贷款公司比较适合科技型中小企业的融资需求。还有部分企业认为政府应当推动成立企业间互保基金,实行互助担保;组织财务人员进行培训,增强对融资方式的了解;等等。

(5) 关于企业目前享受到的政策优惠的调查结果显示,有近三成的企业通过承担政府的科研项目而获得资金的支持,有近两成的企业获得政府给予的税收优惠,还有部分企业通过获得政策性优惠贷款和专项拨款来缓解企业的融资问题。

(6) 关于政府服务提升建议的调查结果如下：大部分企业都提出当前政府应当加快为民营高科技企业成立信用担保、评估机构，健全和完善民营金融机构的投融资机制。同时，这些企业表示想要及时了解到政府优惠政策的信息和融资渠道。政府可以帮助企业选择优质的中介服务机构，并提供优惠的担保费率，还可以出面组织融资机构和企业之间的双选会，为企业和金融机构搭建投融资桥梁。

二、科技创业的科技金融政策评价

在苏州市科技局的协助下，本研究团队从融资需求和满意程度的角度出发，对总计2 000家科技型中小企业发放调查问卷。通过对问卷整理分析，共得到有效问卷1 526份。结果显示，曾经申请过融资或者正在申请融资的企业占总样本的57.5%。其中，58%的企业表示融资获得的资金无法满足自身发展的需求。大部分企业关注的最主要问题是贷款的时效和成本。目前苏州科技型中小企业的融资渠道主要还是银行机构。在满意度的调查结果中，企业对小额贷款公司的满意度最高，达到了92%。企业办理融资业务的平均时长为33.4天。样本企业中对此时长表示满意的仅占49%，可见半数企业都希望可以缩短融资业务的办理时间。除此以外，企业的融资成本较高。样本结果显示平均融资成本达9.03%，60%的企业都对此表示不满意。通过对企业融资难的原因进行分析，发现其中最主要的原因是企业缺乏抵押物以及企业规模较小，被银行机构认为风险较高。此外，对企业未来发展是否有融资需求、融资成本和融资时效等方面进行了调查，有近80%的样本企业在接下来的一年内有融资需求。在这些企业中，有一半的企业希望通过银行机构获得融资。大部分企业在申请贷款时主要考虑贷款的时效和贷款的成本。利率过低的贷款不可相信，但利率过高企业又是无法承受的。

1. 科技型中小企业科技金融政策效应评价

对于处在不同发展阶段的科技型企业而言，科技金融政策相应地会起到不同的作用，这是因为处于不同生命周期的企业具有不同的发展特征。本次问卷通过李克特（Likert）5分量表对企业按照要素重要程度进行划分，分数按照1分到5分从低到高排列。其中，分数越高则表示其重要程度越大。本次问卷调查的企业得分情况如表5-3所示。

	自主研发能力	引进、消化、吸收技术	促进产学研合作	购买关键技术设备	技术成熟化与商品化	度过"死亡谷"	技术创新投入
平均值	4.5	3.8	3.7	3.8	3.9	3.9	4.4
	扩大社会影响、提高品牌效应	吸引和稳定人才	改进管理水平	开拓市场	工艺和技术改造	企业家精神及团队能力提高	
平均值	3.9	3.86	3.5	4.7	3.5	3.8	

表5-3 科技金融政策效应企业自评分析表

从表5-3可以看出，政府实施科技金融政策对科技型企业发展起到了一定的作用，其中主要是对企业自主研发能力、技术创新投入和开拓市场具有重要作用，三者的重要程度的分值分别是4.5分、4.4分和4.7分。除此之外，科技金融政策对企业的其他方面也有一定的作用，各项目的得分情况如表5-3所示。

虽然科技金融政策对科技型中小企业在各方面起到了一定的作用，但是科技型中小企业仍存在着筹资困难方面的问题，包括对融资成本、人才引进、商业模式创新等方面的资金需求，但目前来看，政府在这方面的投入较少。

2. 不同生命周期的科技型中小企业科技金融政策效应

为了探析科技金融政策对企业经营发展方面的效应，本研究通过设定财务指标和成长指标来衡量科技型中小企业的经营发展。其中，财务指标主要包括三个方面，即偿债能力（流动比率、资产负债率）、营运能力（总资产周转率、固定资产周转率）、盈利能力（主营业务利润率、资产净利率）。成长指标主要包括两个方面，即成长能力（新增就业人数、专利数量）、发展能力（营业收入增长率、技术投入比率）。为了使结果更加直观明晰，本研究对各指标进行赋值，取值范围为1—6分。其中，分数越高表示其重要程度越高，科技型中小企业发展的综合能力体现则用各项指标分值总和衡量。各指标具体表现情况见表5-4。

表 5-4 科技型企业各生命周期科技金融政策效应汇总表

生命周期	成长能力			偿债能力			营运能力			盈利能力			发展能力			综合能力		
	支持当年	支持后一年	支持后两年	支持当年	支持后一年	支持后两年	支持当年	支持后一年	支持后两年	支持当年	支持后一年	支持后两年	支持当年	支持后一年	支持后两年	支持当年	支持后一年	支持后两年
种子期	4	4	4	3	3	6	—	4	4	—	3	4	—	4	6	7	18	24
初创期	2	4	5	4	3	5	4	2	—	2	3	—	2	3	6	15	18
成长期	3	3	4	3	4	—	4	2	—	—	—	—	3	2	6	15	15
成熟期	2	4	3	4	3	3	3	2	—	3	2	—	3	2	6	16	12

从表 5-4 可以看出，不管科技型中小企业处于哪一周期，科技金融相关政策的出台均对企业的综合能力发展有一定的影响。具体而言：① 种子期，各个指标的分值仅有微小的波动，但综合能力的分值变动较大，因此，科技金融政策效应主要表现为企业综合能力的提高；② 初创期，企业成长能力、盈利能力和发展能力的分值均呈现上升趋势，科技金融政策效应由此显现；③ 成长期，科技金融政策效应主要由企业的偿债能力、盈利能力和成长能力分值的提高体现；④ 成熟期，仅成长能力和综合能力在政策实施一年后有所提升，随后各项指标提升均不明显，所以，仅在政策实施后的一年内，金融政策效应略微显现。

除此以外，通过对表 5-4 分析发现，当企业处于生命周期中的种子期时，它的综合能力表现要显著高于其他三个生命周期，这说明科技金融政策效应对处于种子期的企业影响较大。因此，处于种子期的科技型中小企业应审时度势，抓住科技金融政策机遇，迅速提高企业的综合能力，使企业获得更好的发展。

科技型中小企业在各个生命周期发展阶段会表现出不同的经营发展特征，所以对于资金的需求和期限结构也会有所不同。科技金融政策是科技型企业发展的重要支撑，政策方式和力度会对科技型中小企业产生不同的影响，进而决定科技型中小企业经营发展状况。政策的实施能够促进科技型中小企业不同方面能力的提升，使得科技型中小企业表现出其独特的经营发展特征。

基于企业生命周期的科技型企业科技金融政策支持机制如图 5-7 所示。

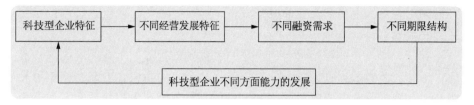

图 5-7　基于企业生命周期的科技型企业科技金融政策支持机制

第三节　小　结

本章关注科技创业投融资生态圈中的"管理服务"成分。政府在塑造良好的科技创业投融资生态系统中发挥了重要作用，利用财政资金建立风险分担机制、信息共享平台等，引导市场化金融机构有效运用资金，加速科技成果产业化。为了更好地突出苏州工业园区的科技创业投融资生态圈的特点，对其进行以下归纳总结。

第一，苏州工业园区设立了类似于科技银行的专门贷款机构，专门为科技企业提供贷款、融资等金融服务，使科技企业避免因为自身金融知识缺乏而陷入融资困境。政府扮演的角色会在很大程度上决定科技企业的融资难度。针对社会效用大于私人效用的产业，政府的支持会起到关键作用。借鉴苏州工业园区的运营模式，不难看出政府正在尝试着承担起社会创新的责任，尽可能减轻企业的运行压力。

第二，政府除了能在科技银行中发挥间接作用，也能直接影响民营资本的投入，苏州工业园区引导基金的设立就说明了这一点。政府的财政资金会通过放大杠杆效应来增加科技型中小企业的创业资本市场供给，这会在很大程度上减轻企业的融资压力。母基金的设立与引导基金的功能类似，主要目的依旧是为科技型中小企业提供更加轻松的融资环境。在此基础上，苏州工业园区还吸引来了天使基金，再次证明了政府发挥兜底作用的重要性。面对高风险的创新企业，政府需要站在投资机构前面，帮助对接投资机构和科技型中小企业。政府的支持会降低投资机构承担的风险，与此同时也会大大降低企业的融资成本，尽可能避免了融资过程中的信息不对称问题。

第三，国有企业承担起科创企业的融资压力是苏州工业园区的又一亮点。苏州元禾控股通过设立天使投资孵化基金，为科创企业量身定制孵化业务，解决了企业融资的后顾之忧。目前，科创企业多困扰于自身对融资这一领域缺乏认识，无法主动寻找到合适的融资机构，故苏州工业园区将融资机构作为寻找方，直接打破了企业融资无路可循的困境。在这一条件下，只要企业的自身条件满足要求，融资机构会自己找上门。

本章以苏州工业园区作为研究案例，梳理了现有的政府支持投融资生态方面的主要举措，在此基础上进行了问卷调查和实地访谈，研究发现：

第一，在政府引导、市场化运作的背景下，借助政府搭建的服务平台，科技金融生态圈已基本形成了"政府＋科创企业＋金融机构"的主要框架模式。在债权融资方面，科技银行落地成立，致力于为科技型中小企业解决融资难题。政府主要通过设立引导基金和母基金的方式，引导民营资本投资进入科技创新投融资生态系统；通过与民营普通合伙人合作的方式，共同设立子基金，为企业发展提供资金，放大财政资金的杠杆效应。在管理服务方面，政府的举措主要包括创立风险分担机制和创新创业服务平台。风险补偿资金主要用于金融机构对科技型中小企业发放的贷款所做的风险补偿，以推动银行加大对科技型中小企业的信贷支持力度。创新创业服务平台通过整合地区科技金融服务资源，强化与风险投资机构、金融资产交易所、股权交易中心等新型机构的合作，形成了政府政策引导与市场化机构服务互补互促的科技金融创新局面。

第二，科技银行在运营中存在较为严重的风险收益不匹配问题。虽然政府采取"风险资金池"方式对其进行补偿，但有限的风险资金池规模必然无法长期支持科技创业的资金需求。因此，从商业理性看，科技银行只可能给成长期后期和成熟期的科技型中小企业放贷，而违背了扶持科技创业的设立初衷。现行《中华人民共和国商业银行法》规定，即便是科技银行，也仍然不能进行股权投资及相关业务。银行贷款缺乏转化渠道，风险与其收益不匹配，一旦出现违约，只能进行清算，最终会形成银行和企业双输的局面。此外，科技银行仍然受到一定行政干预的影响，譬如有员工获得了"领军人才"等各种荣誉称号的企业在融资活动中有所便利。

第三，事实上，对于政府引导基金的效果很难进行定量评价。在评价的过程中未能考虑盈利指标，同时也缺乏统一有效的绩效评价体系和监督体系来评价政府引导基金。除此之外，政府引导基金的投资项目更多的是投向处于扩张期和成熟期的科技型中小企业，以此获得巨额回报，从而无法引导民间资本进入创业投资领域，这导致了政府引导基金的效果并不显著。政府对引导基金的资金占比会受到一定的限制，所以一般会引入社会资金来补充剩余资金。政府引导基金在选择合作机构时，一般是通过申报或者招标的方式，而非通过市场筛选，这不利于资金投向真正需要资金的科技型中小企业。

总之，不论聚焦科技型中小企业融资的哪一方面，政府在其中扮演的角色都不容小觑。苏州工业园区所打造的科技创业投融资生态圈，最关键的一环就是政府发挥的作用。其他地区若要借鉴，则政府必须发挥相应的作用，不论是对科技银行的支持，还是对引导基金、母基金的"兜底"，都反映了政府对创新企业发展具有不可或缺的作用。因此，要使得"政府＋科创企业＋金融机构"模式运行顺利，就必须继续发挥政府的后盾作用。

第六章　基于共演机制科技创业投融资生态圈的演化

第六章
基于共演机制科技创业投融资生态圈的演化

本章基于共生演化理论提出科技创业投融资生态系统的概念和构成，探讨该生态系统的演化阶段、路径和机制，构建科技创业投融资生态系统的共生演化模型，分析模型的均衡点和稳定性条件，采用计算机仿真方法对不同的共生演化模式进行分析，并以苏州工业园区投融资生态系统为例，验证科技创业投融资生态系统演化模型在实践中的适用性。

第一节 科技创业投融资生态系统共生演化的理论分析

德国真菌学家德贝里（Anton de Bary）于1879年首次提出了生物学中的"共生"（symbiosis）概念以后，共生研究逐渐成为生物学领域一门专门的学说。共同演化（coevolution）的概念最初由 Ehrlich 和 Raven（1964）提出，指紧密相关的互动者之间专门的、相互作用的和同时发生的特征演化（史伟馨，2010）。该理论是生物学理论、演化理论、复杂科学理论等多理论的集合，而生态圈作为一个系统的有机体，体量较大，结构丰富，变化迅速，为共演理论提供了难得的发展空间（樊莹，2011；陆亚东，2015）。从共演的角度看，生态圈是一个松散耦合的组织网络体系。不同力量的组织与系统内其他组织进行动态交互和双向共演（孙金云和李涛，2016），并具备以下特征。① 共生性。生态圈内的组织要实现共生，就需要各要素间形成互补，并将自身的资源、能力与生态圈进行匹配。② 自洽性。生态圈内的各组织互利共生，在低成本内部互补的同时，对外部资源和机会具有排斥性，从而构成生态闭环（金贤锋等，2009；贺瑛等，2016）。③ 进化性。环境的变化会导致生态圈不断提高适应性，不断自我完善。当生态圈中某个组织发起某项创新时，只有相关的外部环境跟随它改变，这种创新才能真正成功（Kapoor 和 Lee，2013）。④ 溢出性。由于要素的流动性与溢出效应，生态圈的效益会向外溢出，对其他生态圈以及整体环境的创新发展起到促进作用。

一、共生系统的主体

共生演化理论认为,共生群体的不断演化离不开相关物种之间的资源互补和协作。

1. 在位企业

在位企业是共生系统的核心,在区域创业资源配置中起到举足轻重的作用。在位企业拥有的技术知识、骨干人才和企业家资源对于初创企业的成长具有不可替代的作用。科技创业活动中的所有需要的资源都归属于在位企业。在位企业不可替代的关键性体现在它们提供了创业活动中所需的创业资源和技术人才,而这些是区域创业资源配置中必不可少的。

2. 政府

市场在资源配置中发挥决定性作用。同样,在区域初创科技企业的资源配置过程中,市场也应当发挥决定性作用。在这个过程中,政府只是起到一个领导性的作用,为初创企业指明发展方向,出台相应的扶持政策,对市场进行资源配置起到指引作用。但是市场配置资源难以避免的就是市场失灵现象。在科技创业投融资生态圈的共生体系中,有可能会发生龙头企业的垄断现象。市场失灵的重要弥补手段就是发挥政府的干预功能。创业资源的配置不仅要体现经济效率,而且要兼顾社会公平和整体创新效率,这就需要政府进行正向指引和协调。这是因为创新创业必须要有丰富的研发基础,需要创新主体付出较多的劳动成本和资金成本。而研发创新是具有正外部性的活动,科技创业企业研发行为产生的利益流入通常要小于科技创业企业研发为社会带来的正外部性。政府财政支持和税收减免是弥补创新创业企业创新活动正外部性的有效措施。现在较多的政府创业基金正是为了减少创新活动的市场失灵而扶持科技创业企业的发展。

此外,政府的行政政策也可以正确引导科技创业企业开展创新创业活动,如出台相关法律法规对科技创业企业的专利成果进行保护等。政府的这些政策行为,对科技初创企业的成长起到了至关重要的作用。

3. 中介服务机构

科技创业企业的成长和发展离不开市场相关主体的专业服务。投融资共生系统中为创业企业提供这些服务的就是中介服务机构,他们凭借掌握的各种资源为创业企业的成立、发展和扩大提供了有力的帮助。中介服务机构的服务具有市场化、集成化的特点。有了中介服务机构的介入,企业、高校、研究机构的科研成本能够得到有效的降低，产学研的深度融合也能够更好地得以实现。

创新创业中介服务机构在促进科技创业投融资环境优化的过程中发挥的作用主要归纳为以下三点。

(1) 对于科技企业来说，创新创业中介服务机构在企业科技成果转化过程中起到了催化剂的作用，不仅能够加速科研成果的转化，而且能够降低创新成本和创业风险。

(2) 对于高校和研究机构而言，创新创业中介服务机构起到了中间渠道的作用，为技术成果转化成市场创新产品提供了更加便捷高效的渠道，使创新创业企业的生产链更加紧密。

(3) 对于中介服务机构来说，它有效发挥了自己专业化、市场化、集成化的优势，为科技创业投融资生态系统提供了多方沟通、技术与政策咨询、法律知识普及、创新创业企业孵化等多功能聚集的服务平台。

4. 金融机构

科技创业企业对于资金的需求仅仅依靠政府政策补助和政府创业引导基金是满足不了的。最常见的融资方式还是获得金融机构的贷款。区域金融资源有效配置的得力推手正在于金融机构的运作与发展。科技创业企业的资金需求离不开金融机构的保障。

市场配置创新资源是经济发展内外开放环境下的必要手段，因此如何在市场环境中利用好金融机构对创业活动的扶持作用是提供充足资源的关键。要让科技创业企业发展，就必须要让金融机构参与企业发展的过程。只有金融机构与企业共同发展，才能有效提高区域创新能力。

在我国，参与配置金融资源的金融机构为科技创业企业提供不同方面、不同层次的资金需求。这些金融机构包括商业银行、政策性银行、私募股权投资机构、风险投资机构、科技银行等。不同主体所能够提供的资金支持方式也是不尽相同，这也为科技创业企业提供了更为丰富和灵活的融资渠道。

受到法律法规以及宏观审慎管理等条件的限制，商业银行和政策性银行往往不会参与风险程度高、投资资金量大的创新投资，尤其是政策性银行，自身不以营利为目的、贯彻政府经济政策实施的发展定位要求它们必须开展稳健的操作。但私募股权投资机构和风险投资机构受到的限制较少，它们投资之后还能够通过各种各样的方式参与企业的日常管理。这一类投资主体为追逐高回报,在企业发展到一定规模之后,还能够通过企业IPO、股权转让等形式退出企业。风险投资机构等能够承担一定创新风险的投资机构有利于科技创业企业的创新产出。

二、共生系统的构成

科技创业投融资生态圈的共生系统由共生单元、共生模式、共生环境和共生界面四大要素构成,具体见表6-1。其中,共生单元是共生系统的基本要素和关键共生体;共生环境是指共生单元生存的外部环境;共生模式是共生单元在共生环境中的相互作用关系;共生界面即为共生单元之间的接触方式和机制。科技创业投融资生态圈的共生系统的动态调整和规律组织就是这四大要素之间互相作用、互相影响的结果。

表6-1 科技创业投融资生态圈共生系统的构成要素

构成要素	含义	具体内容
共生单元	共生单元是指构成共生体的基本物质生产和能量交换单位	科技创业企业、金融机构、资本市场、创业投资机构、政府引导基金、小额贷款公司、保险机构等
共生模式	共生模式是指核心企业和配套组织相互作用的方式	共生模式分为寄生、偏利共生、非对称互惠共生和对称性互惠共生四种情况
共生环境	共生环境是指共生模式存在和发展的外在条件,由共生单元以外的影响因素构成	宏观经济环境、法治环境、征信体系、市场环境、制度环境等
共生界面	共生界面是指共生单元之间的接触方式和机制的总和,它是物质、信息和能量传导的媒介、通道或载体,是共生关系形成发展的基础	创新战略联盟、联合实验室、产学研合作等

任何共生关系都是共生单元、共生模式、共生环境和共生界面相互作用的结果。科技创业投融资生态系统的共生关系见图6-1。

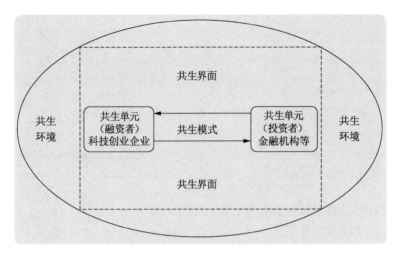

图 6-1　科技创业投融资生态系统共生关系图

1. 共生单元

共生单元是构成共生体或共生关系的基本单位，是形成共生体的基本物质条件，也是科技创业投融资生态系统的主体单位。本章提出的科技创业投融资生态系统由融资者共生单元和投资者共生单元两大共生单元构成。融资者共生单元即为科技创业企业。投资者共生单元包括金融机构、资本市场、创业投资机构、政府引导基金、小额贷款公司和保险机构等投资主体。

科技创业企业的成立与发展历经多个环节，包括前期研究团队的实验与测试、技术应用于新产品的商品化、新产品产业化生产以及市场化营销，每一环节都需要科技创业企业的资金支持，而创业企业一般成立之初自有资本较少，抵押物不足，任一环节的资金链断裂都会导致科技创业企业无以为继。而投资者共生单元能够为科技创业企业提供多渠道的融资方式和充足的研发资金，保证有融资资质的科技创业企业能够迅速地集聚资金投入到创新研发的发展过程中，促进科学技术知识产权的获取以及产品的市场化推广，加速技术转变为生产力。因此，投资者的资金支持是科技创业企业得以发展的重要条件。

2. 共生模式

各种共生单元相互作用或结合的方式就是共生模式。科技创业投融资生态系统中各类投融资主体之间的合作方式是共生模式。科技创业投融资生态系统共生具有三个基本特征：融合性、互动性和协调性。科技创业投融资生态系统中的主体之间存在四种共生模式：寄生共生、偏利共生、非对称互惠共生和对称互惠共生，如表6-2所示。

表6-2 科技创业投融资生态系统内各主体之间的共生模式

互动关系	共生行为模式	特点
主动—被动	寄生共生	能量单向流动；一般不产生新能量
随动—被动	偏利共生	物质和能量双向流动；一般只利于一方，但总能量增加
主动—随动	非对称互惠共生	以分工为基础产生新能量，新能量分配不平均
主动—主动	对称互惠共生	以分工与合作为基础产生新能量，新能量分配较为平均

科技创业投融资生态系统的演化会呈现以下三个阶段。首先，两类共生单元以寄生共生模式为发展初始点，逐渐发展为偏利共生模式。这一转化意味着两类共生单元由原先一方占据发展优势从而侵犯对方利益逐渐发展为利益由一方独占，另一方的利益既不被侵犯也不会从共生环境获得额外收益。然后，两类共生单元会从偏利共生模式发展为非对称互惠共生模式，这意味着两类共生单元都能从共生环境中获得大于自身单独发展的收益，但两类主体之间相互作用产生的额外收益不能平均分配给二者，存在强者多得、弱者少得的现象。最后，两类共生单元会达到对称互惠共生的理想阶段，对称互惠共生模式即为两类共生单元可以平均分配二者合作产生的额外收益，达到稳定的共生状态。

在共生组织模式上，投融资生态系统各主体之间会呈现出从点共生、间歇共生到连续共生、一体化共生的变化，主要体现为生态系统内各类共生单元组织化程度提高的过程。在这一过程中，各类共生单元增加接触与合作，通过不断磨合和演化找寻更加合适的共生模式，最终紧密结合为一个高效运转的和谐生态系统。在科技创业投融资生态系统的共生模式变化过程中，投资者共生单元和融资者共生单元互相帮助，各取所需，最终达到合作共赢的发展态势，也提高了整个投融资生态环境的效率，促进了区域经济的发展。

3. 共生环境

共生单元以外的影响因素构成了共生环境，如宏观经济水平、法治环境、征信体系、市场环境、制度环境等。一般而言，宏观经济环境越好、法制水平越高、社会征信体系越完善、市场环境越好、制度越完善的共生环境，生态系统内共生单元之间的共生模式越理想，共生系统的发展效率越高。

4. 共生界面

共生界面是指共生单元之间的接触方式和机制的总和,是共生关系形成和发展的基础。

科技创业投融资生态系统共生界面的主要组成部分有:创新平台、综合金融服务中心、科技金融超市、信息服务平台以及其他一些中介服务机构。通过共生界面,共生单元相互之间进行资源互补和整合,最终实现共同发展。

共生关系离不开共生单元、共生模式和共生环境三者之间的相互影响。科技创业投融资生态系统构成如图 6-2 所示。

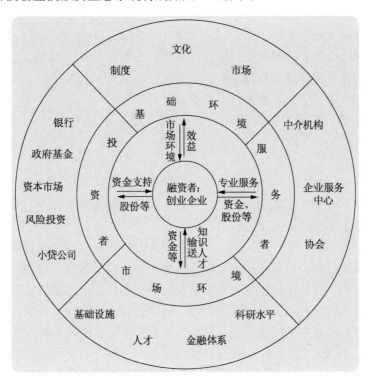

图 6-2 科技创业投融资生态系统构成图

第二节　科技创业投融资生态系统共生演化的仿真模拟

计算机仿真模拟能够为科技创业投融资生态系统的研究打开一个新的视角。借鉴以往学者研究科技创业生态系统共生演化的仿真模型，本章将Logistic生长函数模型应用到投融资生态系统的共生演化研究中。Logistic生长函数模型能够很好地描述生态系统内各种群的共生关系和成长过程。种群的增长会随着种群密度的增加而不断放缓速度，逐渐受制于资源、技术和市场等外在环境，最后发展趋于平缓。本章研究的科技创业投融资生态系统的共生演化模型符合以下前提：

前提1：科技创业投融资生态系统中由 i 个融资主体 F_i（$i=1$, 2, …, l）与 j 个投资主体 G_j（$j=1$, 2, …, m）组成的两类共生主体开展合作。

前提2：科技创业投融资生态系统中共生单元的种群数量受到资源、制度和技术等环境因素的制约，需要经历从幼年到成年的发育过程，与自然界中的生态系统的成长过程相同。

前提3：科技创业投融资生态系统中共生单元的规模变化反映投融资主体的发展过程。规模越来越大表示共生单元的成长越好，并且投融资主体规模越大，对科技创业投融资生态系统中资源的占有率越大；投融资主体规模越来越小，表示投融资主体趋于消亡，其对科技创业投融资生态系统中资源的占有率就越来越小，资源占有率为零则表示该主体消亡。

前提4：投融资主体的成长过程均服从Logistic成长规律，其增长率受到投融资主体密度的影响。科技创业投融资生态系统中投融资主体密度增加，则其增长率就下降。

前提5：当投融资主体的边际收益等于边际成本时，主体停止增长且达到最大规模。

一、共演模型

本研究采用计算机模拟和案例分析的方法研究科技创业投融资生态系统的共生演化问题。由于有关共生单元的时间序列数据存在大量缺失,所以本研究在生态学 Logistic 方程的基础上增加数值模拟、反复迭代的方法,通过多次迭代得出并分析创新生态系统共生演化的模式演变。

科技创业企业和投资主体在独立生长情况下的生长演化过程可用 Logistic 生长函数表示,如式(1)所示。

$$\begin{cases} \dfrac{dy_1}{dt} = r_1 \left[1 - \dfrac{y_1(t)}{N_1}\right] y_1(t), y_1(0) = y_{10} \\ \dfrac{dy_2}{dt} = r_2 \left[1 - \dfrac{y_2(t)}{N_2}\right] y_2(t), y_2(0) = y_{20} \end{cases} \quad (1)$$

在式(1)中,y_1、y_2 分别表示科技创业企业和投资主体的规模。$y_1(t)$、$y_2(t)$ 分别代表科技创业企业和投资主体随时间变化的规模函数。$\dfrac{dy_1}{dt}$ 和 $\dfrac{dy_2}{dt}$ 分别代表科技创业企业和投资主体规模的增长率。r_1、r_2 分别表示科技创业企业和投资主体的自然增长率。N_1、N_2 分别表示特定资源约束下科技创业企业和投资主体规模的最大值。y_{10}、y_{20} 分别表示科技创业企业和投资主体的初始种群规模。因为科技创业投融资生态系统内的主体生长受到资源有限性的约束,所以主体的增长具有阻滞系数。$(1-y_1/N_1)$ 和 $(1-y_2/N_2)$ 分别表示科技创业企业和投资主体生长的阻滞系数。在阻滞系数的影响下,随着时间的演化,主体规模迅速增大,阻滞系数逐渐变小,主体的规模增长速度也逐渐变缓,最后趋于稳定。

在投融资生态系统中,由于两类主体之间存在相互作用的关系,某一种群自身的数量和其他种群的数量都会影响该种群的增长率,所以,需要在原来的共生演化模型的基础上,加入共生系数作为其他种群数量产生的影响的代理变量。经过修改的生长演化模型的 Logistic 函数如式(2)所示:

$$\begin{cases} \dfrac{dy_1}{dt} = r_1 \left[1 - \dfrac{y_1(t)}{N_1} - \alpha \dfrac{y_2(t)}{N_2}\right] y_1(t), y_1(0) = y_{10} \\ \dfrac{dy_2}{dt} = r_2 \left[1 - \dfrac{y_2(t)}{N_2} - \beta \dfrac{y_1(t)}{N_1}\right] y_2(t), y_2(0) = y_{20} \end{cases} \quad (2)$$

其中，α 表示投资共生单元对融资共生单元的共生系数，β 表示融资共生单元对投资共生单元的共生系数。α 和 β 的不同取值代表科技创业投融资生态系统的主体间不同的演化模式，如表6-3所示。

表6-3 科技创业投融资生态系统的共生演化模式

取值组合	共生演化模式
$\alpha\beta<0$	科技创业企业与投资主体为寄生共生关系
$\alpha<0$，$\beta=0$ 或 $\alpha=0$，$\beta<0$	科技创业企业与投资主体为偏利共生关系
$\alpha<0$，$\beta<0$ 且 $\alpha\neq\beta$	科技创业企业与投资主体为非对称互惠共生关系
$\alpha<0$，$\beta<0$ 且 $\alpha=\beta$	科技创业企业与投资主体为对称互惠共生关系

投融资生态系统能够自组织和自维持。自维持是指科技创业投融资生态系统内各共生单元之间形成稳定发展的状态，这一阶段的共生系统会在较长时期处于动态平衡状态，而不是固定不变的稳定状态。稳定的动态均衡状态下，科技创业投融资生态系统达到演化均衡点。演化均衡点不是一个绝对的点，稳定状态也不是绝对不变的，都要根据共生模式的改变而相应地变化。一旦某个投融资生态系统达到了均衡点，就表明该生态系统内的主体的规模不会再增大，而是达到一个稳定值。为了求得均衡点，令 $\dfrac{\mathrm{d}y_1}{\mathrm{d}t}=0$，$\dfrac{\mathrm{d}y_2}{\mathrm{d}t}=0$，通过求解，得到投融资生态系统的4个局部均衡点：$E_1(0,0)$，$E_2(N_1,0)$，$E_3(0,N_2)$，$E_4\left(\dfrac{N_1(1-\alpha)}{1-\alpha\beta},\dfrac{N_2(1-\beta)}{1-\alpha\beta}\right)$。动态演化系统的雅可比矩阵为

$$J=\begin{bmatrix} r_1\left(1-\dfrac{2y_1}{N_1}-\alpha y_2\right)/N_1 & -r_1\alpha y_1/N_2 \\ -r_2\alpha y_2/N_1 & r_1\left(1-\dfrac{2y_2}{N_2}-\beta y_1\right)/N_1 \end{bmatrix}$$

以 Det(J) 和 Tr(J) 代表雅可比矩阵的行列式和迹，系统均衡点稳定的条件就是 Det(J)>0 且 Tr(J)<0。系统共生演化各均衡点及其稳定性条件如表6-4所示，此处假设 $r_1>0$，$r_2>0$，为了确定均衡点处于稳定状态的条件，需要分析 α 和 β 的取值，从而计算得出 Det(J) 和 Tr(J) 的值。

表6-4 科技创业投融资生态系统的共生演化均衡点及稳定性条件

均衡点	Det(J)	Tr(J)	稳定性条件
$E_1(0,0)$	$r_1 r_2$	$r_1 + r_2$	不稳定
$E_2(N_1, 0)$	$-r_1 r_2 (1-\beta)$	$-r_1 + r_2(1-\beta)$	$\beta > 1$
$E_3(0, N_2)$	$-r_1 r_2 (1-\alpha)$	$-r_2 + r_1(1-\alpha)$	$\alpha > 1$
$E_4\left(\dfrac{N_1(1-\alpha)}{1-\alpha\beta}, \dfrac{N_2(1-\beta)}{1-\alpha\beta}\right)$	$\dfrac{r_1 r_2 (\alpha-1)(\beta-1)}{1-\alpha\beta}$	$\dfrac{r_1(\alpha-1)+r_2(\beta-1)}{1-\alpha\beta}$	$\alpha<1$ 且 $\beta<1$

通过研究科技创业投融资生态系统的共生演化模式和系统共生演化均衡点及稳定性条件,可以进一步总结出不同 α、β 取值下的共生演化模式和稳定均衡点之间的关系,如表6-5所示。

表6-5 科技创业投融资生态系统的共生演化模式及均衡点

取值组合	共生演化模式	均衡点
$\alpha\beta<0$	寄生共生关系	E_2, E_3, E_4
$\alpha<0, \beta=0$ 或 $\alpha=0, \beta<0$	偏利共生关系	E_4
$\alpha<0, \beta<0$ 且 $\alpha\neq\beta$	非对称互惠共生关系	E_4
$\alpha<0, \beta<0$ 且 $\alpha=\beta$	对称互惠共生关系	E_4

二、仿真分析

从理论上对两类主体共生演化模型进行研究之后,为了研究实际生态系统中科技创业企业与银行业金融机构、风险投资机构、创业投资基金、科技小额贷款公司之间的共生模式,我们采用共生演化仿真分析尽可能地还原实际科技创业投融资生态系统的演化路径和稳定状态。本节通过MATLAB软件,在相同参数设定下将投资机构分为银行业金融机构、风险投资机构、创业投资基金和科技小额贷款公司时发现,科技创业企业与四类投资主体的共生演化过程一致,即根据我们的演化模型和参数设定,假定四类创新主体是具有同样的特性的,所以仿真模拟的结果也是一样的。因此本研究在展示演化仿真结果时,以投资机构相关主体概括四类投资主体,分析科技创业投融资生态系统的共生演化路径。我们假设科技创业企业和投资相关主体的自然增长率分别为0.1和0.05,即 $r_1=0.1$, $r_2=0.05$;特定资源约束下配套组织和核心企业独立发展的规模最大值为

1 000，即 $N_1 = N_2 = 1\ 000$；演化周期 t 为 800 个仿真时间。利用 MATLAB 对方程组进行模拟，探讨在不同的 α 和 β 取值组合下，配套组织和核心企业共生关系的演化过程。

寄生共生模式下，我们取 $\alpha = -0.15$，$\beta = 0.15$，得到如图 6-3 所示的科技创业企业与投资主体的寄生演化结果。由图 6-3 可知，当 $\alpha < 0$ 且 $\beta > 0$ 时，科技创业企业在寄生演化过程中属于利益获得者。在投资主体的正向推动下，科技创业企业的规模最大值达到 1 000 以上，大于其独立发展时的最大规模 1 000，而投资主体在投资初期主要消耗自身资源扶持企业发展。科技创业企业在发展过程中占据了原本属于投资主体的发展利益，因此投资主体的规模最大值小于 1 000，属于被寄生者。投资主体在投资初期主要是对科技创业企业提供资金支持。由于前期的投资较难获得即期收益，所以让渡了部分收益给科技创业企业。偏利共生模式下，我们取 $\alpha = -0.15$，$\beta = 0$，得到如图 6-4 所示的偏利共生演化结果，此时利益归属于科技创业企业。在投资主体的正向推动下，其规模上限大于独立发展时的最大规模，而投资主体属于利益未受到影响的一方。科技创业企业尚未回报投资主体，投资主体的最大规模仍然等于其独立发展时的最大值。此时，投资机构已经无须贡献自身的发展利益给融资者，但尚未达到受益阶段。非对称互惠共生模式下，我们取 $\alpha = -0.35$，$\beta = -0.15$，得到如图 6-5 所示的非对称互惠共生演化结果。由图 6-5 可知，科技创业企业和投资主体的规模增长均有利于另一方共生单元的发展。两类主体的最大规模均超过了独立发展时的最大值，但 $|\alpha| > |\beta|$，说明投资主体对科技创业企业的推动作用更大，科技创业企业的最大规模大于投资主体的最大规模。这一阶段投资主体开始进入投资回报期，通过前期对科技创业企业的扶持开始享受企业发展带来的红利，逐渐获得自身发展以外的收益，但此时收益份额仍不及融资者共生单元。对称互惠共生模式下，我们取 $\alpha = -0.35$，$\beta = -0.35$，得到如图 6-6 所示的对称互惠共生演化结果。由图 6-6 可知，科技创业企业和投资主体的规模增长也是互相促进的，且 $|\alpha| = |\beta|$，说明两类共生单元的影响程度相同，对称互惠共生模式下的最大规模值也相等。此时科技创业企业与投资单元达到共生演化的最佳时期，双方平均分配合作的额外收益，科技创业投融资共生系统达到均衡状态。

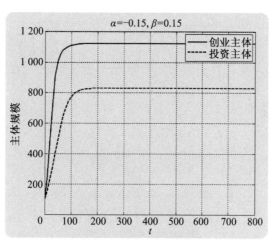

图 6-3 寄生共生模式

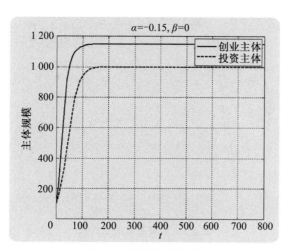

图 6-4 偏利共生模式

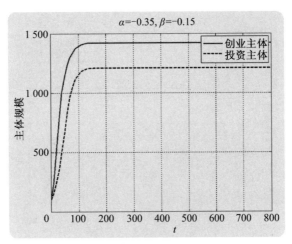

图 6-5 非对称互惠共生模式

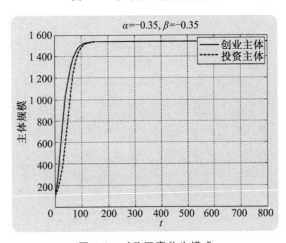

图 6-6 对称互惠共生模式

■ 三、案例分析

  案例分析有助于破解投融资生态系统共生演化的"黑箱"，并将计算机仿真中的数值模拟改进为真实数据，得到实地投融资生态系统的发展规模和共生演化过程。本章以苏州工业园区的投融资生态系统为例进一步验证科技创业投融资生态系统的共生演化模式。

  苏州工业园区自开发建设二十多年来，在中国和新加坡两国政府的共同努力下，综合发展指数、质量效益指标均位居全国经济开发区前列。2019年，苏州工业园区共实现地区生产总值2 743亿元。在商务部公布的国家级经济开发区综合考评中，苏州工业园区连续五年（2016—2020年）位列第一，并跻身世界一流高科技园区行列，生物医药、纳米技术应用、人工智能等产业初具规模。近年来，苏州工业园区紧抓苏南国家自主创新示范区的建设机遇，积极构建国际化开放创新创业体系，致力于构建有利于创新的体制机制格局、产业发展格局、资源配置格局和产城融合格局，打造了具有园区特色的创新生态系统。创新生态系统涉及政、产、学、研、金、资、介各个共生单元，苏州工业园区不断强化协同理念，注重各单元的有机整合和高效运转，形成科技创业企业融资与机构投资相互作用的科技创业投融资生态系统。

1. 数据选取

本章从2009—2017年的苏州工业园区统计数据中选取高新技术产业产值和金融机构贷款余额来验证本章提出的科技创业投融资生态系统共生演化模型在实践中的适用性，并解释苏州工业园区所处的共生模式的合理性。验证过程如下：

将苏州工业园区2009—2017年的高新技术产业产值和金融机构贷款余额作为数据组，通过已知数据高新技术产业产值$y_1(t)$、金融机构贷款余额$y_2(t)$（其中$t=i-2009$，$i=2009, 2010, \cdots, 2017$），计算高新技术产业产值和金融机构贷款余额的规模增长率$\dfrac{dy_1}{dt}$和$\dfrac{dy_2}{dt}$，并计算两类主体的规模平均发展速度作为主体的自然增长率r_1、r_2，根据初始规模及历年数值拟合得到两类主体的最大规模N_1、N_2，将以上数据代入科技创业投融资生态系统共生演化模型中，用MATLAB软件求解科技创业企业与金融机构的共生系数，从而模拟主体间的共生演化路径。

2. 验证结果

由数据拟合得到苏州工业园区的科技创业企业和金融机构两类投融资主体的演化路径如图6-7所示。图中曲线代表共生单元生长的拟合曲线，散点代表共生单元规模成长的实际路径。

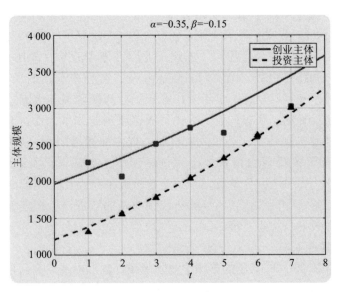

图 6-7 苏州工业园区科技创业企业和金融机构的演化路径

通过设定不同的 α、β 值代入验证，我们发现苏州工业园区的科技创业企业和金融机构更符合非对称互惠共生模式。该模式下的拟合曲线可以代表真实数据的走势，科技创业企业和金融机构之间互相产生正向影响。自 2009 年以来，科技创业企业和金融机构的规模持续增长，且增长速度较为相近。由图 6-7 数据验证可知，苏州工业园区的科技创业企业与金融机构互利共生，在促进对方成长的同时自身规模不断扩大。科技创业企业从投资机构获得资金等扶持的同时，也给投资机构以回馈，但两者之间的互惠并非对称性的。造成这种非对称的原因可能是投资机构与科技创业企业之间尚处于合作优化期，尚未达到最优互惠模式。这也是符合现实情境的，对称互惠共生模式需要足够长时间的进化才可以达到。

第三节 小 结

　　本章在获得理论结论的基础上结合对苏州工业园区的验证，从政府和除政府外的其他共生主体两方面对科技创业投融资生态系统的建设提出建议。政府应该引入更多的科技创业企业及相关投资机构，通过增加区域内科技创业企业、中介服务机构、金融机构的初始规模提高共生单元的演化速度。一方面，通过优化创业环境来鼓励双创企业落户，不断完善创业平台，使更多的创业主体更容易加入共生演化系统；另一方面，应积极推动中小银行和村镇银行发展，优化股票市场结构，鼓励发展天使投资、风险投资和社会投资的多元化投融资渠道，从而建立共生单元互利共生的多元化投融资机制。投融资生态系统的其他共生主体要提高互惠共生发展战略的契合度，在合作时应尽快随着规模的扩大、创新要素的积累和市场占有率的提高逐步从寄生模式、偏利共生模式转为互惠共生模式。科技创业企业要整合创业资源进行价值创造，并为此提供制度性保障。银行业金融机构、风险投资机构、创业投资基金和科技小额贷款公司四类投资主体要以企业需求为导向参与价值共创，为企业提供互补性的资源。共生主体应通过提升双方信任水平来增加依赖程度，进而提升双方的互惠程度。具体措施如下：

　　一是政府应引入更多创业主体。以中新合作为引领的国际合作深度和广度需要进一步提升，政府可以通过学习先进经验，加强中外合作，推出更多创业优惠政策，优化创业环境，从而鼓励双创企业落户。在园区产业规划上，政府要引导企业聚焦生物医药、半导体等重点领域，打造强势的产业竞争力，利用龙头企业吸引新的创业者加入，同时可以对企业进行分类培育，形成大中小企业融通发展的局面。

　　二是政府应引导基金运作。政府可以通过建立欺骗基金创业者名单，对骗取补贴的创业者进行打击，有效提高资金使用效率。此外，可以考虑创设专家制度。苏州工业园区科技局设置了相关专家库，在路演前随机抽取专家，听取专家对项目的意见后实施投资，从而提高投资的专业性。近些年直投机构出现发展热潮，为了守住底线不发生系统性风险，政府宜引入负面清单制度，要求直投机构披露年报、业绩等事项以便监管，保护投资人利益。政府还应鼓励打造母基金模式，培育创投主体和人才。母基金的建设可以借鉴新加坡等地的模式，在股权投资方面贡献市场决策的力量。

三是政府应积极推动多元化投融资渠道的建设。政府型投融资模式下的主要融资方式有银行贷款、企业债券、定向资产支持票据、非公开定向债（私募债）。市场化投融资模式下的主要融资方式有股权融资、资产证券化融资、企业项目融资。政府应积极推动多元化投融资渠道的建设，从而建立共生单元互利共生的多元化投融资机制。

四是科技创业企业要整合创业资源进行价值创造，加强企业间合作，充分利用苏州工业园区的产业集群效应和品牌效应。投资主体要不断增强自身的专业性，要以企业需求为导向，根据企业的行业特点、资产情况、规模情况等，提供互补性的资源和建议，参与企业的价值共创。

第七章 研究结论和政策建议

第一节 研究结论

依据历来科学技术革命和产业结构变化的经验与惯例,将技术革新与金融革新相结合是推动社会生产发展的重要方式。在良好的创新生态系统中,创新是一种常态,是一种自然生发的过程。环环相扣的创新体系可以起到自纠错、自淘汰、自更新的作用。围绕投融资生态圈,结合共演机制和投融资对科技企业的影响,本书通过构建科技创业投融资闭环生态圈共生演化的生态系统,着重介绍系统内债权融资、股权融资和政府服务管理部分的作用机制,分章节实证探究债权融资环境、股权融资环境对科技创业的影响,并采用案例分析与问卷调研的研究方法评价政府管理服务对科技金融体系的促进作用,最后采用计算机仿真模拟验证科技创业投融资生态系统的共生演化过程。本书得出以下结论:

第一,本研究对研究对象进行准确定义。投融资生态圈是能够对投融资动机、决策和行为施加影响力的所有外部因素。这里的"外部"是相对于科技创业的行为主体——企业本身的发展战略——而言的,而科技创业投融资生态圈就是这些外部因素的总和。本研究主要探讨投融资生态圈对科技型企业科技创业的影响,企业本身的发展战略则不在我们的研究范围之内。在投融资环境中,金融机构与其他金融企业和外部环境通过分工合作进行密切联系,共享投资对象信息,共担风险,共享投资收益,最终达到动态平衡。在这种动态平衡的状态中各类金融企业实现发展。科技创业投融资生态圈由不同要素组合而成,是在科技型企业进行投融资活动过程中形成的有机整体。首先,理想的科技创业投融资生态圈应该是一个良好的科技创业平台,能有效缓解科技创业企业的资金不足问题。创业者可以借助这个平台获得所必需的金融资源。其次,科技创业投融资生态圈的主体是科技创业企业、金融机构和政府。金融机构和政府扮演的主要角色是通过自身功能的发挥及功能之间的联系为科技创业企业供给所需资源。政府更多地起到引导资金投入政府扶持的科技创业企业的作用。最后,科技创业投融资生态圈是一个准公共品。政府在遵循市场规律的前提下，对塑造科技创业投融资生态圈承担着重要的责任。科技创业企业的主要外部融资渠道包括债权融资和股权融资等外源性融资以及政府科技金融政策支持下的融资。债权融资主要包括以银行和小额贷款公司为代表的金融机构提供的有偿贷款。股权融资主要包括风险投资、天使投资及私募股权投资等。此外，政府作为科技创业投融资生态圈中的管理服务者，能够提供有力的引导政策，帮助科技创业企业搭建更多的融资渠道，获得更多的扶持资金。

第二，从科技创业投融资生态圈的债权融资研究来看，银行信贷强度和企业创新强度之间的相关系数显著为负。长期银行信贷强度、短期银行信贷强度及总银行信贷强度的回归系数分别为－0.022、－0.031及－0.028，说明了在控制企业年龄、总资产报酬率、资产负债率、股权集中度及政府补助变量后，较高的银行信贷强度会抑制企业的研发活动投入。这可能是因为：一方面，作为债权人的银行为确保贷款本息的安全性，可能会对借款人的经营情况和财务状况进行监督，甚至直接或间接干涉借款人的活动，首要的措施就是抑制创新活动的资本投入；另一方面，企业在面临银行信贷约束时，也倾向于减少创新研发投入，将资金用于更加稳健的投资项目中。加入调节因子赫芬达尔指数后，赫芬达尔指数与各银行信贷强度的交互项都显著，且主变量系数均由负变为正，即银行业竞争度的提高可以缓解银行信贷强度对企业创新投入的抑制作用。银行业竞争程度越高，银行信贷强度对企业创新投入强度的抑制作用越小。这可能是因为：一方面，银行业竞争加剧改变了银行抑制企业创新活动的意愿动机，进而缓解融资约束，促进企业创新；另一方面，银行业竞争加剧，通过提高信贷资金配给效率和改善企业外部治理环境倒逼企业更加慎重、理性地选择及进行创新活动，反过来增加银行对企业创新研发活动提供信贷支持的动机，从而促进企业创新。

第三，从科技创业投融资生态圈的股权融资研究来看，首先以研发强度作为企业创新的衡量指标，研究风险投资背景和派驻风险投资董事对企业创新的可能影响。实证结果表明，当解释变量为风险投资背景时，回归系数为0.0966，且在5%的置信水平下显著，说明风险投资背景和研发强度之间呈现出显著的正相关关系，即风险投资机构的参与对企业创新有一定的正面影响。这可能是因为：一方面，风险投资机构作为股东加入被投资企业，会带给被投资企业一定的资金，可以帮助企业更好地从事研发活动，推动企业创新；另一方面，风险投资机构成为被投资企业的股东后，向资本市场发出"信号"，有助于企业获得其他渠道的创新融资，即当风险资本进入企业后，还会引起社会上其他资本的关注，增加企业在其他融资渠道获取资金的可能性，缓解企业面临的融资约束。被投资企业在获得资金支持以后，可以更好地从事研发活动，推动企业创新水平的提升。通过按有无风投董事分组回归得出，在有风投董事的子样本中，风险资本背景（Vcb）与研发强度（Rd）的回归系数在5%的置信水平下显著为正，为0.4777；在无风投董事的子样本中，风险投资背景（Vcb）与研发强度（Rd）的回归系数同样在5%的置信水平下显著为正，为0.0861。可以发现，有风投董事子样本的回归系数（0.4777）远大于无风投董事子样本的回归系数（0.0861），这表明风投董事的加入进一步提升了企业的创新水平，即风险投资董事对企业创新有一定的正面影响。这可能是因为：风险投资董事代表风险投资机构监督企业经理人的工作，进而缓解委托代理问题，凭借丰富的管理经验参与企业的经营管理，利用自身长期的风投经验和网络资源物色高素质人才团队，帮助企业制定薪酬激励政策，从而提升企业的治理水平，推动企业创新。

第四，从科技创业投融资生态圈的政府管理服务研究来看，首先，在债权融资的政府支持层面，以交通银行苏州科技支行为例开展案例探究，探索金融服务专营机构在科技创业企业的发展过程中所起的作用。交通银行苏州科技支行和苏州市科技局、财政局联手打造了新的贷款产品"科贷通"，为科技型中小企业融资难提供了切实可行的解决办法。"科贷通"采取市场化运作的方式，投资者与企业都承担风险；政府则通过设立中小企业信贷风险补偿专项资金的绿色通道，帮助科技型企业解决初创时期的融资难题。政府通过分担银行的信贷风险以及鼓励企业通过知识产权质押、债权转股权等措施，提高银行放贷的积极性，减轻企业的资金压力，帮助企业"造血"，走上良性的发展轨道。交通银行科技支行的"科贷通"产品与股权投资对接，由于"拨改贷"的优势明显，科技资源能够更高效且合理地分配给科技创业企业，商业银行的不同业务也能够在政府搭建的平台上进行对接，企业风险承担的问题迎刃而解。政府相关部门积极为科技银行提供政策便利，帮助科技型中小企业从科技银行获得条件较为宽松、利率也相对较低的具有优惠性质的贷款。除此以外，科技型中小企业也要争取获得专业担保公司为其提供担保，风险投资基金也要配合银行为科技型中小企业提供资金。其次，在股权融资的政府支持层面，苏州工业园区主要是通过设立引导基金和母基金的方式，引导民营资本投资进入科技创新投融资生态系统。为了帮助科技型企业筹措资金，政府需要让利于民，同时要利用财政杠杆，帮助科技型企业获得具有优惠性质的资金并一定程度上减少税收。引导基金和民营普通合伙人一起成立子基金，是较为成功的引导机制。风险补偿机制也是促进股权融资的有力政策。苏州工业园区成立的中小企业风险补偿资金池的资金额度达到 5 000 万元，新兴产业融资风险补偿资金池也有 4 000 万元的额度，这仅仅是首期的额度，风险补偿资金池将会为苏州股权融资环境提供更有效的政策支持和资金补给。与此同时，苏州工业园区在风险分担机制、创新服务平台、企业数据库建设等方面也做出了卓有成效的创新尝试，比如苏州工业园区科技金融服务中心的成立。该服务中心承担了运营管理园区创投引导基金、产业基金、风险补偿资金池、苏南科技企业股权路演中心平台等政策性科技金融业务。同时，通过整合园区科技金融服务资源，强化与元禾控股、苏州金融资产交易所、苏州股权交易中心等新型机构的合作，形成了政府政策引导与市场化机构服务互补互促的科技金融创新局面。此外，本书作者还对科技金融政策支持企业融资做了问卷调查和分析，得出以下结论：科技金融政策的实施对开拓市场、企业自主研发和企业增强技术创新投入有较重要的作用，其重要程度（分数越大重要程度越高）的平均值分别为 4.7、4.5 和 4.4，对企业引进、消化、吸收先进技术的作用平均值为 3.8，对促进产学研合作的作用平均值为 3.7，对企业购买关键技术设备的作用平均值为 3.8，对企业技术成熟化与商品化的作用平均值为 3.9，对企业创业初期度过"死亡谷"的作用平均值为 3.9，对企业扩大社会影响、提高品牌效应的作用平均值为 3.9，对企业吸引和稳定人才的作用平均值为 3.86，对企业改进管理水平的作用平均值为 3.5，对企业工艺和技术改造的作用平均值为 3.5，对企业家精神及企业经营管理团队能力提高的作用平均值为 3.8。研究发现，虽然科技金融政策的实施对企业自主研发和企业增强技术创新投入有较重要的作用，但是科技型企业还存在着降低资金成本、吸引人才、进行商业模式创新等多方面的资金需求，而政府目前在这些方面的投入较少。

第五，从科技创业投融资生态圈的共生演化得出，科技创业投融资生态系统是由共生单元、共生模式和共生环境组成的从事价值创造和价值获取共生活动的复杂系统。融资者共生单元和投资者共生单元构成科技创业投融资生态系统。融资者共生单元即为科技创业企业,投资者共生单元包括金融机构、资本市场、创业投资机构、政府引导基金、小额贷款公司和保险机构等投资主体。各种共生单元相互作用或结合的方式就是共生模式。科技风险投资与融资生态系统中的主体之间存在四种共生模式:寄生共生、偏利共生、不对称互惠共生和对称互惠共生。共生单元以外的影响因素构成了共生环境,如宏观经济水平、法治环境、征信体系、市场环境和制度环境。我们选取苏州工业园区2009—2017年的高新技术产业产值和金融机构贷款余额来验证科技创业投融资生态系统共生演化模型在实践中的适用性,并解释苏州工业园区所处的共生模式的合理性。苏州工业园区的科技创业企业和金融机构更符合非对称互惠共生模式,科技创业企业和金融机构之间互相产生正向影响。自2009年以来,科技创业企业和金融机构的规模持续增长,且增长速度较为相近。苏州工业园区内的科技创业企业与金融机构彼此互利共生,促进对方成长的同时自身规模不断扩大,科技创业企业从投资机构获得资金等扶持的同时,也回馈给投资机构,但两者之间的互惠并非对称性的。造成这种非对称的原因可能是投资机构与科技创业企业之间尚处于合作优化期,尚未达到最优互惠模式。这也是符合现实情境的,对称互惠共生模式需要足够长时间的进化才可以达到。

第二节 政策建议

中国经济已经处于经济增速放缓的新常态时期。科技创业投融资生态圈的建设是实现经济发展模式转变的重要路径。科技创业企业、金融机构、政府本质上是相互促进又相互制衡的矛盾共同体。综合平衡好三者的关系,对于科技创业乃至区域经济的创新与发展均具有重要意义。根据前面章节的研究结论,本章从科技创业企业、金融体系和政府三个方面提出构建良好科技创业投融资生态圈的政策建议。

一、科技创业企业

第一,提高财务管理和风险控制能力。科技创业企业财务管理和风险控制能力在相当大的程度上影响着企业的融资能力,只有确保财务管理井井有条、资产负债结构合理,减少财务杠杆运用不当所带来的风险,企业才能具备更好的融资条件,银行才更有可能为其提供充足的贷款额度,增加投资者购买其所发行的融资产品的意愿。如果企业存在较高的财务风险,财务流程不规范,企业融资必将受到很大的阻力。中小企业对风险的控制也分为多个方面:一是确立企业合适的资产比率,对于坏账及时提取损失准备;二是确保会计账务清晰,加强会计核算,避免错漏,定期排查资产状况;三是对债务也要进行同样的定期核算,建立一个当负债率过高时的预警系统,保证充分灵活的现金流,以确保企业日常的交割支付。

第二,增强企业的核心竞争力。科技创业企业要生存、要发展,要彻底解决融资难的问题,就必须具备核心竞争力。因此,除了管理者团队素质和企业获利能力外,企业还需要重点关注研发创新能力,通过提高产品质量来提升企业的核心竞争力,将过于机械死板的"事后控制"变更为事前审批、事中监管的管理模式,加强对整个生产线的控制力度。首先,为了更好地筹集资金,必须保证产品质量,赢得市场的认可。其次,必须制订科学的企业计划,并严格按照计划实施。最后,必须不断革新和升级产品。另外,如果企业有能力持续调整生产和经营结构以适应消费和社会需求,就必须引进新技术,及时开发新产品,增强自身的市场竞争力。

第三,在债权融资方面,科技创业企业有必要协同研发,提高自身竞争力。一是建立企业之间的互联互通机制。各企业之间应打破信息壁垒,共享相关信息及资源,发挥各自的比较优势,共同开展创新研发活动。创新活动受到银行信贷约束的最大原因就是其本身具备的收益不确定性和高风险性,合作创新可以在一定程度上节省资金、人力、物力,有效分担风险,增加企业的信贷可得性和便利性。二是建立健全创新活动的风险防范机制。创新的长周期性、不确定性等自有特征使得企业进行研发活动时面临较大风险,银行信贷约束也正是出于对企业创新研发活动风险的考量。对此,企业可以完善风险防范机制,在创新活动之前全面评估创新项目的成功率、风险和预期收益,更加谨慎地选取和开展创新研发活动,合理进行创新决策,规范创新行为,提升银行对其提供信贷支持的意愿。

第四，在股权融资方面，引进风险投资，实现股权结构多样化，对于科技创业企业来说是一个不错的选择。风险投资能够为科技创业企业带来他们急需的资金和社会资源，这是创业企业发展必不可少的外部条件，也是创业企业能够获得的有效融资渠道。风险投资在一定程度上对企业创新起到了促进作用。不仅风险投资机构会对科技创业企业进行资金扶持，而且风险投资董事也会对企业提供日常管理方面的指导，如监督企业经理人的工作、参与企业经营管理、发掘优秀人才、制定薪酬激励政策，从而提升企业的治理水平，推动企业创新。不少家族经营的中小企业受限于狭窄的视野和贫瘠的资源，发展缓慢，风险投资可以帮助这类企业弥补管理上的短板。不过，企业需要在引入拥有较高声誉的风险投资和签订对赌协议时保持谨慎，因为这样的风险投资往往会很强势，可能会影响企业原有团队的正常运作经营，甚至有碍企业的正常发展。

第五，政府服务中，企业应在日常经营中积极主动地了解和获得政府平台发布的企业发展相关政策。近年来政府大力支持科技创业类企业的发展，国家、各省、地市等各级政府纷纷出台政策扶持企业注册、融资、创新等各项活动。企业应关注所在地的各类政策、各种发布平台，积极争取优惠的融资政策。此外，政府除提供融资政策以外，还会联合市场上的第三方服务平台，为企业打造良好的基础设施环境、市场环境和创新环境。科技创业企业作为创新创业主体，应积极融入创新创业生态系统，协助打造更加繁荣的创业生态环境。

第六，使用互联网进行融资。互联网金融是一种借助大数据和云计算等金融科技手段，通过互联网平台完成资金流动和融通的金融模式。该模式最大的特点就是能够让服务具有针对性。互联网企业凭借其独有的信息技术优势，为客户提供定制化的服务，满足客户个性化的需求。在这种环境背景下，中小企业能够用新的方法来筹措资金，如众筹、P2P（个人对个人）模式和电商小额贷款等。众筹融资适合资本需求较少的科技创业企业，企业将本公司的产品显示在互联网平台上，通过引起投资者的注意来吸引投资者投资。众筹融资的限制条件很少，没有具体的要求，非常灵活方便。P2P模式是指企业将借款合同发布到网络上，同时公布借款的用途等详细信息，投资者根据自己的眼光判断并选择，最终决定是否投资。P2P模式下企业需要通过P2P平台的一系列审核，如贷款资格和还款能力等，只有通过审核的企业才能在平台上发布借款信息。电商小额贷款模式中，中小企业需要履行以下几项程序：① 向贷款公司提交申请；② 配合贷款公司对本公司的情况进行审核，确保本公司的信用和财务具有真实性，这是融资的前提条件；③ 如果通过审核，企业将获得贷款；④ 获得贷款以后，企业要将款项严格用于预定用途，贷款公司将对企业的用款行为进行流向与合理性的监督，并定期对企业的还款能力进行评估，从而降低风险。

第七，建设科技企业信用体系。自身信用意识的欠缺是很多中小科技企业难以通过银行融资的直接原因。不少企业在借贷上存在投机心理，拖欠赖账等情况层出不穷，这很容易导致金融机构对中小企业缺乏信任，企业就难以从金融机构获得资金。加强企业信用评级是改善科技企业融资环境的重要举措。政府相关部门应定时定点对科技企业进行信用评级，对企业的履约概率或违约风险进行检查。借助企业资信调查数据，社会公众可以衡量一个企业是否值得投资，贷款公司可以判断是否可以给予某企业贷款，科技企业可以了解自身未来应该做出何种改进以及确定发展的方向。为了保证得到银行的充分信任，中小企业需要进一步强化诚实守信观念，在企业生产经营的各个关节都贯彻诚实守信原则。在生产环节，企业应将产品质量标准落到实处，对所有员工进行诚信教育，培养责任感，从根源杜绝假冒伪劣产品。在财务环节，企业应严格遵守国家相关法律法规和会计准则，健全并完善企业的财务制度，确保企业的财务信息真实、可靠、完整。在与其他单位开展业务活动的环节，企业要严格遵守合同的要求，不做有损企业诚信形象的事情。在纳税环节，企业必须按照法律法规要求及时足额上缴税款。

第八，要制定多样的资金筹措方法，根据企业所处的不同阶段，采取具有针对性、个性化的融资方式。企业生命周期理论认为，在生命周期中，企业所处阶段不同，融资需求也各不相同，应该根据自身的个性化需求使用不同的资金筹措方法。企业如果处于初创阶段，需要大量的长期资本，因为初创企业最缺乏的就是自有资金。也就是说，对于企业而言，此时需要用股权融资的方式，获得风险投资以弥补企业的长期资本。企业如果处于成长阶段，长期资本需求已经基本得到满足，此时企业也已经步入正轨，在市场上站稳脚跟，所生产的产品也在市场上拥有稳定的客户，此时企业的融资渠道更加宽广，无论是内部融资、股权融资还是债权融资，或是不同的融资方法相结合，企业都能够筹集到所需资金。企业如果处于成熟阶段，相比于内部融资和股权融资，债权融资是更为适合的融资方式。此时企业对于资金的需求很大，商业银行等金融机构的贷款将成为企业最主要的资金来源。

二、金融体系

第一，科技金融机构应积极实施组织创新和管理创新，通过科技金融产品创新实现自身功能创新。作为科技金融创新活动的主体，科技金融机构在创新过程中起着举足轻重的作用。科技金融机构创新要求机构敏锐捕捉到市场需求的变化，随时对自身的组织和管理进行调整，以推出符合市场需求的新产品，这也是金融发展"功能观"的要求。现行法律法规对金融创新做出了诸多限制，为了将可能存在的风险分散并降低，让科技金融产品发挥最大的作用，科技金融机构需要在监管允许的范围内进行创新，增加产品的流动性。作为科技创业投融资生态圈最重要的、不可或缺的投资机构，科技金融机构需要积极创新，搭建可供交易的场所，增强相关债权和股权的流动性。

第二，为了解决企业间接融资来源不足的困境，金融体系必须进行产品创新和服务创新，推出更多具有创新性的科技金融产品和服务。考虑到科技型企业存在融资条件多、融资要求高、融资渠道狭窄的问题，金融机构只有进行全方位、多领域、深层次的创新，才能够满足科技型企业各种各样的融资需求。针对信贷产品，金融机构需要灵活综合运用不同担保方式，如知识产权质押、订单质押、保单质押和债券质押，丰富抵押担保方式。针对股权的问题，特别是还没有上市的科技创业企业，商业银行采用认股权证的方式为企业提供急需的资金是一种创新的做法。随着企业发展、成长、上市，商业银行也能够分享收益。各地金融机构要因地制宜、对症下药，根据不同地区、不同企业的特点以及企业所处阶段、所处行业的不同，打造各具特色的投融资生态圈，对企业的管理模式、风险理论、产品生产、售后服务进行全面的指导和帮助，努力形成整个生命周期全覆盖、各种融资需求均满足的服务体系，真正意义上起到助力企业成长的作用。除此之外，金融机构还可以充分利用金融科技，包括大数据和云计算，统筹整合各方信息资源，促进场景化、名单化两种方法双管齐下，线上线下全面推进，从根本上将企业融资渠道少、成本高的症结解除。

第三，金融机构应为各阶段科技创业企业提供科技金融服务，打造不同的融资产品。首先，建立新的客户培育库。综合考虑科技型上市企业的标准和科技创业型企业的成长特性，将处在企业生命周期不同阶段的科技型企业划分为初创期企业、成长期企业和准科创板企业，提炼出不同阶段的企业最需要的服务，推出具有针对性的产品。对于初创期企业，提供"A轮融资贷款"和"技术保险贷款"等具有创新性的贷款产品；对于成长期企业，提供"投资过桥贷"；对于准科创板企业，提供"小巨人信用贷"。其次，将已有的产品和服务进行改造升级，反复优化一般的商品。例如，定位共赢的长期目标，推出"科技阶梯贷"，支持初创科技企业；在规定利率时，考虑企业的发展历程，在创业初期收取较低的利息，待到企业发展到一定规模、营业收入稳定之后再收取较高的利息，这样有利于科技型企业在发展初期快速成长。再次，要充分发挥科技金融服务平台的作用，将单向赋能调整为双向赋能，将市场上的投资机构进行资源整合，纳入投融资生态圈机构库中，为企业提供从投资金额到股权融资比例问题的一条龙服务，帮助企业争取到市场上最优秀投资人的帮助。最后，要大力发展金融科技，充分运用现代化技术手段，全面搜集企业实时数据，运用技术分析方法对企业状况进行分析，制订出适合企业产品、股权结构、投资偏好的融资方式。此外，银行也要充分发挥自身作为专业金融机构的优势，利用已有资源打造科技金融服务网络。有条件的银行可以设立科技金融中心或是专门从事科技金融业务的分行。

第四，由政府出面，创建一些专门为科技型企业服务的政策性金融机构。这些政策性金融机构以公益性为目的，为处在企业生命周期不同阶段的科技型企业提供多样化、专业化、定制化的服务。同时，贷款服务可向符合政府政策方向的企业倾斜。以公益性为目的表明不具有营利性，这使得政策性金融机构同商业银行区分开来，将服务聚焦于对社会经济稳定发展具有战略意义，但是资金规模大、见效慢、回报率低的项目（如基础设施建设、农业开发）和中小企业等。政策性金融机构还可以设置一些特殊的、严格的融资条件，比如要求融资企业需要首先从其他渠道获取融资，只有被其他金融机构拒绝提供资金的科技型企业，政策性金融机构才会受理其融资申请，并进行进一步的审核。此外，政策性金融机构所提供的融资必须全部用于专项用途，利率不能太高，期限不能太短，体现公益性、服务性的目的。政策性金融机构的服务方式与科技型企业在成立之初的需求不谋而合，因此创建政策性金融机构来满足科技型初创企业的融资需求是很好的选择。

第五，金融体系应完善多层次资本市场建设，解决企业转板、上市走弯路的问题。资本市场具备资金融通、资源配置等功能。对于企业而言，融资离不开资本市场，因此企业想要吸引投资者、实现多渠道融资，资本市场在其中发挥了无法替代的作用。科技创业企业可以在多层次资本市场中获得高效、多样、低成本的融资服务，并且这种融资服务是持续性的，会伴随科技型企业的成长、发展、成熟。如果科技型企业需要并购重组，多层次资本市场能够为重组提供便利，并且资本市场具有定价透明、交易成本低的特征，便于企业进行转型升级，摆脱落后的发展方式，处理好存量资源，实现企业的结构升级和发展。对于企业来说，管理也是核心竞争力之一，科技型企业在发展过程中可能会受到管理模式的掣肘，此时借助于资本市场成熟的管理制度，可以挖掘有丰富经验的高素质的管理团队和管理人才。上市之后，科技型企业需要遵守信息披露、员工持股等规范公司治理的制度，使股东、员工和管理层的目的趋于一致，这对于构建利益共同体、大幅增强管理效能大有裨益。金融机构要综合运用不同的股票交易市场，形成不同交易市场上的联动机制。在所有股票交易市场中，新三板对于科技型企业来说是最有优势的市场。新三板能够为科技型中小企业提供更加符合企业定位和发展前景的交易方式、准入规定。在新三板市场中，机构投资者众多，机构投资者能够依靠专业的知识和丰厚的资金为科技型企业提供专业化、定制化的融资支持。在新三板市场中，定向增发、股权质押等都是常见的融资方式。在可以预见的一段时间内，金融服务实体经济仍会是金融行业的主要发展方向。资本市场需要进一步健全相关制度规定，拓宽融资渠道，提高服务效率，为科技型企业的成长和发展保驾护航。

第六，培养创新型专业人才是推进科技金融产品创新的关键。首先，政府在构建科技创业投融资生态圈时，要对相应的人才管理制度进行健全和完善，不仅要提高待遇，加大对人才的吸引力度，更要丰富科技金融创新人才融入科技创业投融资生态圈的途径。在具体工作中，可以考虑长期引进、短期工作、兼职、互动交流、开展科技金融产品创新论坛等形式，积极引进关键人才。对于长期引进的全日制工作人才，在职称方面应当给予特殊政策，在待遇方面应当和工作业绩以及创新产品的效益挂钩。在传统的长期、全日制引进模式之外，还应当针对具体的科技金融产品开发项目需要，通过项目组和工作站等形式积极引进短期工作的科技金融创新人才。其次，还要加强对现有人才的培训，通过学位教育、在职培训等形式提升现有人员的创新能力。还可以向国外成熟的机构学习，通过签订交流协议、建立合作机构、派出人员到国外进行学习等方式，更新创新理念，提高创新能力。最后，要加强复合型人才的培养。由于科技金融产品创新活动既需要金融知识，又需要相关的科技知识，因此，培养复合型人才也是促进科技金融产品创新的关键。

三、政府

科技创业投融资生态圈是一个复杂的动态系统。科技创业与金融体系要实现协调发展，需要厘清政府和市场的权责边界。政府相关部门要做好顶层设计，创新体制机制，促使市场和政府两种调节机制协调配合。

第一，进一步推进简政放权、放管结合和优化服务的改革，发挥市场在科技创业投融资生态圈中的主导作用。科技创业在发展过程中具有发展路径多变、发展模式多样化等突出特征。现实生活中没有一成不变的发展路径和模式，不确定的未知因素远远超出已知的领域。在此背景下，市场机制在路径选择、发展模式创新和资源配置机制中的主导作用更加突出。政府应该通过顶层设计，加快市场化体制改革。政府对科技创业和金融主体的活动不干涉、不越界，才能创造一个宽松有序的体制机制环境，让各类经济主体释放活力和创新动力。

第二，完善政府在科技创业投融资生态圈中的引导作用和监管职责。政府的引导作用主要体现在发挥有限财政资金的效应，完善各类型政府引导基金，建立从天使投资、创投基金到产业引导的完整投资链条，积极发挥国有资本在科技创新中的引导作用。政府应加强各类型科技金融平台建设，完善科技金融服务体系，消除科技型企业与金融部门之间存在的壁垒，营造有利于科技型企业健康发展的宏观经济环境。

第三，建立健全多部门协调机制，制定并落实切实有效的政策措施。以促进科技创新和产业化为重点，加强科技部门与金融、财税等相关部门的沟通协调，加强中央与地方的工作联动，将政府资金与企业资金相结合，股权融资与债权融资相结合，直接融资与间接融资相结合。政府应发挥引导作用，推动科技银行等各类主体成为支持科技创新企业发展的主体。地方政府要统筹协调好科技部门和金融部门的资源，构筑合作平台，

第七章
研究结论和政策建议

优化金融生态环境，提升区域经济活力和创新能力，实现科学技术与金融资源的整合。

第四，加大对种子期项目的支持力度。企业所处发展周期的阶段不同，政府科技金融支持的效果也有所不同。在企业生命周期所有阶段中，科技金融支持对处于种子期的企业是最有效果的。因为处在种子期的企业一般规模较小，几乎没有产品销售额，资金运转困难。虽然科技金融支持的绝对资金额度并不大，但足以使得种子期企业的发展命运产生很大的改变。对于种子期企业可能出现的技术风险、市场风险和管理风险，政府通过给予一定的科技金融政策支持就很有可能避免。

第五，丰富科技金融政策评审体系，更加注重对企业中"人"的评价。"人"在科技型企业中起到了至关重要的作用，科技型企业将会如何发展，很大程度上取决于企业的管理者所拥有的社会资源和管理能力。管理者的管理理念越先进，管理模式越科学、规范，管理者拥有的社会资源越多，该科技型企业最终获得成功的可能性就越大。因此，在科技型企业中，"人"是核心竞争力之一。基于这一原因，评价科技型企业除了关注一般企业所共有的企业因素之外，要更加重视企业中的"人"，即将企业的管理者纳入评审体系，并从社会资源、领导能力等方面对企业管理者进行全方位的考察，从而对企业的发展前景有一个综合的判断。

第六，对一些基金的注册地、出资金额、返投比例等进行适当改变，让市场和行业的真实情况恰当地通过基金反映出来。比如说对于返投比例，考核整个基金盘子的总数以代替对单个基金的要求就能够真实地反映出市场和行业的情况。政府要适当放权，让具有专业知识和管理能力的基金管理人员管理创业投资引导基金，将构架设计、管理基金、投资融资的工作交给对于市场的认识有充分理性和专业知识的人才。政府只需要在事中和事后加强监管的力度，而无须在管理的具体工作上给予太多限制。

第七，健全行业协会体系，推动行业整体发展。在现代企业创新发展过程中，社会网络关系的地位越来越高。行业协会组织集"产、研、学、资"为一体，既能帮助有关部门制定相关政策，辅助监管部门对本行业进行监督管理，也能以市场化的方式在投资对接、中介服务、合作交流、宣传推广等方面对行业会员提供专业的服务，全方位构筑科技创业投融资生态圈，最终推动整个行业的发展。

第三节 研究展望

本书主要研究了科技创业投融资生态圈的各部分效应以及生态圈内的共生演化。虽然做了一定的尝试，但是在理论分析、实证模型构建等方面仍然存在着一些局限性。即便如此，这些不足之处也为未来的研究提供了新的契机。具体而言，未来的相关研究可以从以下几个方面入手。

第一，从债权融资部分的研究来看，虽然发现银行信贷强度与企业创新强度负相关，但这并非表明银行业对支持企业创新没有帮助。对该问题的进一步研究可以从打造政府、银行和企业三位一体的创新体系的角度入手，最终实现银行业与企业风险共担、收益共享的合作体系。

第二，从股权融资部分的研究来看，该部分主要研究的是创业板上市公司风险投资背景与风险投资董事对创新的可能影响。风险投资背景的确立以 IPO 时是否有风险投资的参与为判断标准，未能考虑到企业上市之后是否可能还会有风险投资机构作为股东加入，这是否会有进一步的促进作用有待验证。

第三，从政府管理服务部分的研究来看，该部分采用案例分析和问卷调查法探究政府在科技创业企业债权融资、股权融资和服务平台方面的作用。问卷调查得出的数据仅采用程度打分并累计相加用以评价科技金融政策。未对政府在科技创业投融资生态圈中的管理服务职能做出实证研究是本研究的一大遗憾，后续还可以整合数据，结合计量研究方法，采用更合适的评价模型对政府政策推动科技金融的效果做出补充评价。

第四，在科技创业投融资生态系统的共生演化模拟中，本书以苏州工业园区为案例分析科技创业投融资生态圈的共生演化。由于苏州工业园区的高新技术产业产值数据自 2007 年开始提供，本研究仅能根据 2009—2017 年的数据进行计算机仿真模拟，得出演化周期为 8 的成长曲线，若是能够采取具有更多样本数据的案例，获得更长的演化周期，则可以更好地呈现科技创业投融资生态圈的演化全过程。

本研究未尽问题在所难免，在后期研究中需要更深入研究和探索，主要包括：

第一，本书未能更深入地对苏州工业园区的新兴科技企业样本做融资路径调查。后续可基于创业迁徙路径对科技创业企业的融资特征、渠道与模式开展研究。未来将沿创业迁徙路径调研苏州工业园区的新兴科技企业（云计算、生物制药、纳米科技领域），整理样本企业成长过程中天使基金、风险投资、股权投资、科技贷款、科技保险等投融资手段的进入和退出的过程数据，归纳出资本结构的变化，按产业聚类分析出科技企业的融资特征、融资渠道和融资模式。

第二，本书未能对政府服务管理中的财税引导政策加以探究。政府的财税引导政策对于科技创业投资有重要的监管与引导作用。创新是一种"公共产品"，具有正外部性，需要政府给予研发补助等激励措施。政策资助除了为企业解决资金问题的后顾之忧，也可以作为新企业的"认证"特征之一，为外部投资者识别企业价值提供帮助，解决信息不对称、不确定性两大问题。后续研究中将梳理上海、深圳、北京中关村、苏州工业园区的中央政府技术创新引导专项、政府（创业）引导基金、天使投资风险补贴、税收支持政策等财政引导政策的实际效果，总结经验及启示的同时重点关注上海张江国家自主创新示范区及部分试点银行开展的科创企业投贷联动试点对科技创业的实际影响。

参考文献

[1] Allen F, Gale D M. Financial contagion [J]. Journal of Political Economy, 2000, 108 (1): 1-33.

[2] Álvaro Cuervo, Ribeiro D, Roig S. Entrepreneurship: Concepts, Theory and Perspective Introduction [M]. Berlin, Heidelberg: Springer, 2007.

[3] Arvanitis S, Stucki T. The impact of venture capital on the persistence of innovation activities of start-ups [J]. Small Business Economics, 2014, 42 (4): 849-870.

[4] Beck T, Levine R, Loayza N. Finance and the sources of growth [J]. Journal of Financial Economics, 2000, 58 (1-2): 261-300.

[5] Begley T M, Boyd D P. A comparison of entrepreneurs and managers of small business firms [J]. Journal of Management, 1987, 13 (1): 99-108.

[6] Bertoni F, Tykvová T. Does governmental venture capital spur invention and innovation? Evidence from young European biotech companies [J]. Research Policy, 2015, 44 (4): 925-935.

[7] Blackburn K, Hung V. Atheory of growth, financial development and trade [J]. Economica, 1998, 65 (257): 107-124.

[8] Boot A, Thakor A V. Financial system architecture [J]. The Review of Financial Studies, 1997, 10 (3): 693-733.

[9] Bottazzi L, Rin M D, Hellmann T. Who are the active investors?: Evidence from venture capital [J]. Journal of Financial Economics, 2008, 89 (3): 488-512.

[10] Brown J R, Fazzari S M, Petersen B C. Financing innovation and

growth: cash flow, external equity, and the 1990s R&D boom [J]. Journal of Finance, 2009, 64 (1): 151-185.

[11] Caselli S, Gatti S, Perrini F. Are venture capitalists a catalyst for innovation? [J]. European Financial Management, 2009, 15 (1): 92-111.

[12] Celikyurt U, Sevilir M, Shivdasani A. Venture capitalists on boards of mature public firms [J]. Review of Financial Studies, 2014, 27 (1): 56-101.

[13] Cetorelli N, Gambera M. Banking market structure, financial dependence and growth: International evidence from industry data [J]. Journal of Finance, 2001, 56 (2): 617-648.

[14] Chavis L W, Klapper L F, Love I. Theimpact of the business environment on young firm financing [J]. The World Bank Economic Review, 2010, 25 (3): 486-507.

[15] Cornaggia J, Mao Y, Tian X, et al. Does banking competition affect innovation? [J]. Journal of Financial Economics, 2015, 115 (1): 189-209.

[16] Davila A, Foster G, Gupta M. Venture capital financing and the growth of startup firms [J]. Journal of Business Venturing, 2003, 18 (6): 689-708.

[17] Davis L E, North D C, Smorodin C. Institutional change and American economic growth [M]. Cambridge: Cambridge University Press, 1971.

[18] Demirguckunt A, Ayyagari M, Maksimovic V. How important are financing constraints? The role of finance in the business environment [J]. World Bank Economic Review, 2008, 22 (3): 483-516.

[19] Dewatripont M, Maskin E. Credit and efficiency in centralized and decentralized economies [J]. The Review of Economic Studies, 1995, 62 (4): 541-555.

[20] Dutta S, Folta T B. A comparison of the effect of angels and venture capitalists on innovation and value creation [J]. Journal of Business Venturing, 2016, 31 (1): 39-54.

[21] Ehrlich P R, Raven P H. Butterflies and plants: a study in coevolution [J]. Evolution, 1964, 18 (4): 586-608.

[22] Engel D, Keilbach M. Firm-level implications of early stage venture capital investment: An empirical investigation [J]. Journal of Empirical Finance, 2007, 14 (2): 150-167.

[23] Fabio B, Terez T. Does governmental venture capital spur invention and innovation? Evidence from young European biotech companies [J]. Research Policy, 2015, 44 (4): 925-935.

[24] Feld B. Startup Communities: Building an Entrepreneurial Ecosystem in Your City [M]. Hoboken: John Wiley & Sons, Inc., 2012.

[25] Freeman C. Long Swings in Economic Growth [M]. London: Palgrave Macmillan, 1987.

[26] Fry M J, Goldsmith R W. Financial structure and development [J]. Economica, 1970, 37 (148): 435.

[27] Fuente A D L, Marin J M. Innovation, bank monitoring, and endogenous financial development [J]. Journal of Monetary Economics, 1995, 38 (2): 269-301.

[28] Fukuda K, Watanabe C. Japanese and US perspectives on the national innovation ecosystem [J]. Technology in Society, 2008, 30 (1): 49-63.

[29] Goldsmith R W. Financial Structure and Development [M]. New Haven and London: Yale University Press, 1969.

[30] Gerschenkron A. Economic Backwardness in Historical Perspective [M]. Cambridge: The Belknap Press of Harvard University Press, 1962.

[31] Hall B. The financing of research and development [J]. Oxford Review of Economic Policy, 2002, 18 (1): 35-51.

[32] Holmstrom B. Agency costs and innovation [J]. Journal of Economic Behavior & Organization, 1989, 12 (3): 305-327.

[33] Hsu D H. Venture capitalists and cooperative start-up commercialization strategy [J]. Management Science, 2006, 52 (2): 204-219.

[34] Hsu P H, Xuan T, Yan X. Financial development and innova-

tion: Cross-country evidence [J]. Journal of Financial Economics, 2014, 112 (1): 116-135.

[35] Iansiti M, Levien R. Strategy as ecology [J]. Harvard Business Review, 2004, 82 (3): 68-81.

[36] Isenberg D. The entrepreneurship ecosystem strategy as a new paradigm for economic policy: principles for cultivating entrepreneurship [R]. Dublin: Institute of International and European Affairs, 2011.

[37] Johnson B, Lundvall B. National Innovation Systems (NIS) [M]. New York: Springer, 2013.

[38] Kamien M I, Schwartz N L. Market structure and innovation: A survey [J]. Journal of Economic Literature, 1975, 13 (1): 1-37.

[39] Kapoor R, Lee J M. Coordinating and competing in ecosystems: How organizational forms shape new technology investments [J]. Strategic Management Journal, 2013, 34 (1): 274-296.

[40] King R G, Levine R. Finance, entrepreneurship and growth [J]. Journal of Monetary Economics, 1993, 32 (3): 513-542.

[41] Kortum S, Lerner J. Assessing the contribution of venture capital to innovation [J]. Rand Journal of Economics, 2000, 31 (4): 674-692.

[42] Lee J. Financial development by learning [J]. Journal of Development Economics, 1996, 50 (1): 147-164.

[43] Lerner J. Venture capitalists and the decision to go public [J]. Journal of Financial Economics, 1994, 35 (3): 293-316.

[44] Lerner J. Venture capitalists and the oversight of private firms [J]. The Journal of Finance, 1995, 50 (1): 301-318.

[45] Levine R. Financial development and economic growth: Views and agenda [J]. Journal of Economic Literature, 1997, 35 (2): 688-726.

[46] Levine R. Stock markets: A spur to economic growth [J]. Finance and Development, 1996, 33 (1): 7-10.

[47] Mansfield E. Size of firm, market structure, and innovation [J]. Journal of Political Economy, 1963, 71 (6): 556-576.

[48] McKinnon R I. Money and Capital in Economic Development

[M]. Brookings: Brookings Institution Press, 1973.

[49] McMullen J S, Shepherd D A. Encouraging consensus: challenging research in universities [J]. Journal of Management Studies, 2010, 43 (8): 1643 – 1669.

[50] Merton R C. Financial innovation and the management and regulation of financial institutions [J]. Journal of Bankingand Finance, 1995, 19 (3 – 4): 461 – 481.

[51] Moore D P. An examination of present research on the female entrepreneur: Suggested research strategies for the 1990′s [J]. Journal of Business Ethics, 1990, 9 (4): 275 – 281.

[52] Moore J F. Predators andprey: A new ecology of competition [J]. Harvard Business Review, 1999, 71 (3): 75 – 86.

[53] Morales M F. Financial intermediation in a model of growth through creative destruction [J]. Macroeconomic Dynamics, 2003, 7 (3): 363 – 393.

[54] Morck R, Nakamura M. Banks and corporate control in Japan [J]. The Journal of Finance, 1999, 54 (1): 319 – 339.

[55] Nelson R R. National Innovation Systems: A Comparative Analysis [M]. Oxford: Oxford University Press, 1993.

[56] Nelson R R, Winter S G. In search of useful theory of innovation [J]. Research Policy, 1977, 6 (1): 36 – 76.

[57] Patrick H T. Financial development and economic growth in underdeveloped countries [J]. Economic Development and Cultural Change, 1966, 14 (2): 174 – 189.

[58] Rajan R G. Insiders and outsiders: The choice between informed and arm's-length debt [J]. Journal of Finance, 1992, 47 (4): 1367 – 1400.

[59] Rin M D, Nicodano G, Sembenelli A. Public policy and the creation of active venture capital markets [J]. Journal of Public Economics, 2006, 90 (8 – 9): 1699 – 1723.

[60] Romer P M. Increasing returns and long-run growth [J]. Journal of Political Economy, 1986, 94 (5): 1002 – 1037.

[61] Sahlman W A. The structure and governance of venture-capital organizations [J]. Journal of Financial Economics, 1990, 27 (2): 473 – 521.

[62] Sexton D L, Bowman N. The entrepreneur: A capable executive and more [J]. Journal of Business Venturing, 1985, 1 (1): 129 – 140.

[63] Schumpeter J A. The theory of economics development [J]. Journal of Political Economy, 1934, 1 (2): 170 – 172.

[64] Shaw E S. Financial deepening in economic development [M]. Oxford: Oxford University Press, 1973.

[65] Shleifer A, Vishny R W. Thelimits of arbitrage [J]. The Journal of Finance, 1997, 52 (1): 35 – 55.

[66] Solow R M. Acontribution to the theory of economic growth [J]. Quarterly Journal of Economics, 1956, 70 (1): 65 – 94.

[67] Stam E. Entrepreneurial ecosystems and regional policy: A sympathetic critique [J]. European Planning Studies, 2015, 23 (9): 1759 – 1769.

[68] Stiglitz J E. Credit markets and the control of capital [J]. Journal of Money, Credit and Banking, 1985, 17 (2): 133 – 152.

[69] Tansley A G. Theuse and abuse of vegetational concepts and terms [J]. Ecology, 1935, 16 (3): 284 – 307.

[70] Tian X, Wang T Y. Tolerance for failure and corporate innovation [J]. Review of Financial Studies, 2014, 27 (1): 211 – 255.

[71] Tripathi N, Seppänen P, Boominathan G, et al. Insights into startup ecosystems through exploration of multi-vocal literature [J]. Information and Software Technology, 2019, 105 (1): 56 – 77.

[72] Varsakelis N C. Education, political institutions and innovative activity: A cross-country empirical investigation [J]. Research Policy, 2006, 35 (7): 1083 – 1090.

[73] Wade D T, Wood V A, Hewer R L. Recovery after stroke: The first 3 months [J]. Journal of Neurology, Neurosurgery, and Psychiatry, 1985, 48 (1): 7 – 13.

[74] Weinstein D E, Yafeh Y. On the costs of a bank-centered finan-

cial system: Evidence from the changing main bank relations in Japan [J]. Journal of Finance, 1998, 53 (2): 635 - 672.

[75] 白俊, 吴汉利. 竞争性银行业结构与企业技术创新 [J]. 软科学, 2018, 32 (2): 84 - 87.

[76] 白钦先. 金融可持续发展研究导论 [M]. 北京: 中国金融出版社, 2001.

[77] 蔡竞, 董艳. 银行业竞争与企业创新——来自中国工业企业的经验证据 [J]. 金融研究, 2016 (11): 96 - 111.

[78] 曾国屏, 苟尤钊, 刘磊. 从"创新系统"到"创新生态系统" [J]. 科学学研究, 2013, 31 (1): 4 - 12.

[79] 陈海涛, 宋姗姗, 单标安. 创业生态系统的共生演化模型及仿真研究——基于中关村历史数据的分析 [J]. 管理学季刊, 2018, 3 (3): 68 - 86, 108.

[80] 陈和. 创业投资的政策性引导基金模式研究 [J]. 科学学与科学技术管理, 2006, 27 (5): 79 - 83.

[81] 陈见丽. 风险投资能促进高新技术企业的技术创新吗?——基于中国创业板上市公司的经验证据 [J]. 经济管理, 2011, 33 (2): 71 - 77.

[82] 陈思, 何文龙, 张然. 风险投资与企业创新: 影响和潜在机制 [J]. 管理世界, 2017 (1): 158 - 169.

[83] 陈艳. 我国风险投资对企业技术创新影响的机理研究 [D]. 苏州: 苏州大学, 2014.

[84] 成果, 陶小马. 政府背景风险投资会促进企业创新吗——基于创业板企业的实证分析 [J]. 科技进步与对策, 2018, 35 (23): 99 - 105.

[85] 戴静, 石丹花. 银行业竞争影响了企业创新质量吗? [J]. 投资研究, 2019, 38 (2): 58 - 80.

[86] 戴静, 杨筝, 刘贯春, 等. 银行业竞争、创新资源配置和企业创新产出——基于中国工业企业的经验证据 [J]. 金融研究, 2020 (2): 51 - 70.

[87] 邓俊荣, 龙蓉蓉. 中国风险投资对技术创新作用的实证研究 [J]. 技术经济与管理研究, 2013 (6): 49 - 52.

[88] 狄方馨. 外部金融生态环境、财务柔性与科技型企业研发投入 [J]. 财会通讯, 2018, (36): 108 - 113.

[89] 丁述军, 邵素文. 银行竞争、融资约束与企业创新——来自上市公司的经验证据 [J]. 山东财经大学学报, 2016, 28 (5): 21-27, 35.

[90] 董屹宇, 郭泽光. 风险资本退出、董事会治理与企业创新投资——基于PSM-DID方法的检验 [J]. 产业经济研究, 2020 (6): 99-112.

[91] 樊莹. 后金融危机时期的东亚贸易投资便利化合作 [J]. 国际经济合作, 2011 (3): 43-47.

[92] 方嘉雯, 刘海猛. 京津冀城市群创业风险投资的时空分布特征及影响机制 [J]. 地理科学进展, 2017, 36 (1): 68-77.

[93] 方先明. 金融生态建设中的地方政府行为 [J]. 中国行政管理, 2013 (8): 84-88.

[94] 冯毅, 唐航, 陈雪君. 地方政府促进科技金融发展政策问题研究 [J]. 金融教学与研究, 2014 (5): 22-27.

[95] 苟燕楠, 董静. 风险投资进入时机对企业技术创新的影响研究 [J]. 中国软科学, 2013 (3): 132-140.

[96] 郭志仪, 吴桢. 金融生态环境、银行融资与民企投资 [J]. 兰州大学学报 (社会科学版), 2015, 43 (2): 112-119.

[97] 韩旺红, 马瑞超. FDI、融资约束与企业创新 [J]. 中南财经政法大学学报, 2013 (2): 104-110.

[98] 何婧, 吴朦朦. 银行业市场竞争对企业技术创新的影响研究 [J]. 财经理论与实践, 2017, 38 (2): 17-22.

[99] 何自力, 徐学军. 一个银企关系共生界面测评模型的构建和分析: 来自广东地区的实证 [J]. 南开管理评论, 2006, 9 (4): 64-69.

[100] 贺瑛, 舒元, 郑贵辉, 等. 基于创新创业的生态系统构建——以中大创新谷为例 [J]. 华东经济管理, 2016, 30 (2): 48-51.

[101] 胡登峰, 王巍. 安徽省各地市技术创新投融资金融生态环境评价研究 [J]. 财贸研究, 2012 (2): 120-126.

[102] 胡登峰, 王巍, 陈菁. 安徽省技术创新投融资金融生态环境评价研究 [J]. 技术经济, 2011, 30 (7): 42-47.

[103] 胡新丽, 吴开松. 光谷与硅谷: 科技金融模式创新借鉴及路径选择 [J]. 科技进步与对策, 2014, 31 (9): 15-18.

[104] 黄国平, 孔欣欣. 金融促进科技创新政策和制度分析 [J]. 中国软科学, 2009 (2): 28-37.

[105] 黄鲁成. 区域技术创新系统研究: 生态学的思考 [J]. 科学学研究, 2003, 21 (2): 215-219.

[106] 黄卫平, 黄都, 窦森. 商业银行投贷联动服务科创型小微企业的研究综述 [J]. 中国物价, 2019 (10): 46-48.

[107] 贾俊生, 伦晓波, 林树. 金融发展, 微观企业创新产出与经济增长——基于上市公司专利视角的实证分析 [J]. 金融研究, 2017 (1): 99-113.

[108] 江薇薇. 我国政府引导基金发展模式研究 [J]. 西部论坛, 2012, 22 (1): 29-36.

[109] 蒋艳, 夏云峰, 醋卫华, 等. 银行股权关联、高管权力与企业创新 [J]. 财经科学, 2017 (2): 25-37.

[110] 金贤锋, 董锁成, 李雪, 等. 广义协同进化视角下产业集群生态化研究 [J]. 科技进步与对策, 2009, 26 (16): 55-58.

[111] 金永红, 蒋宇思, 奚玉芹. 风险投资参与、创新投入与企业价值增值 [J]. 科研管理, 2016, 37 (9): 59-67.

[112] 靳晓东. 基于多层次模糊综合评价法的专利资产证券化中的专利选择 [J]. 科技进步与对策, 2012, 29 (1): 138-141.

[113] 李后建, 刘思亚. 银行信贷、所有权性质与企业创新 [J]. 科学学研究, 2015, 33 (7): 1089-1099.

[114] 李玲娟, 张晓东, 刘丽红. 科技型中小企业的知识资本形成机理研究 [J]. 湖南大学学报 (社会科学版), 2012, 26 (3): 53-56.

[115] 李胜楠, 杨安琪, 牛建波. 战略风险投资能促进企业上市后的创新吗? [J]. 财经问题研究, 2021 (3): 49-59.

[116] 李万, 常静, 王敏杰, 等. 创新 3.0 与创新生态系统 [J]. 科学学研究, 2014, 32 (12): 1761-1770.

[117] 李真, 李茂林, 黄正阳. 研发融资约束、融资结构偏向性与制造业企业创新 [J]. 中国经济问题, 2020 (6): 121-134.

[118] 李正卫, 刘济囷, 潘家栋. 创业生态系统中的政府治理: 新创企业成长视角 [J]. 科研管理, 2019, 40 (12): 42-50.

[119] 林嵩. 创业生态系统: 概念发展与运行机制 [J]. 中央财经大学学报, 2011 (4): 58-62.

[120] 林毅夫, 姜烨. 发展战略、经济结构与银行业结构: 来自中国

的经验 [J]. 管理世界, 2006 (1): 29-40, 171.

[121] 林毅夫, 孙希芳, 姜烨. 经济发展中的最优金融结构理论初探 [J]. 经济研究, 2009, 44 (8): 4-17.

[122] 林毅夫. 企业规模、银行规模与最优银行业结构——基于新结构经济学的视角 [J]. 管理世界, 2019 (3): 31-47.

[123] 刘博. 债务融资方式会影响企业创新吗?——来自 A 股上市公司的实证研究 [J]. 金融发展研究, 2016 (2): 9-16.

[124] 刘健钧. 我国创业投资体制创新的理论探讨 [J]. 宏观经济管理, 2003 (7): 37-40.

[125] 刘健钧. 创业投资引导基金靠制度防范风险 [J]. 中国投资, 2009 (9): 97-99, 11.

[126] 刘胜军. 风险投资对企业创新的影响机制: 融资还是融智? [J]. 南方金融, 2016 (4): 39-47.

[127] 刘曦子, 陈进, 王彦博. 互联网金融生态圈构建研究——基于商业生态系统视角 [J]. 现代经济探讨, 2017 (4): 133-139.

[128] 刘湘云, 吴文洋. 科技金融与高新技术产业协同演化机制及实证检验——源于广东实践 [J]. 广东财经大学学报, 2018, 33 (3): 20-32.

[129] 刘芸, 朱瑞博. 我国科技金融发展的困境、制度障碍与政策创新取向 [J]. 福建论坛 (人文社会科学版), 2014 (1): 56-63.

[130] 龙小燕, 贾康. 金融机构与政府合作型科技金融服务模式研究 [J]. 经济研究参考, 2015 (7): 70-76.

[131] 芦锋, 韩尚容. 我国科技金融对科技创新的影响研究——基于面板模型的分析 [J]. 中国软科学, 2015 (6): 139-147.

[132] 陆岷峰, 葛和平. 基于"政产学研用金"协同创新的网络金融生态圈构建研究 [J]. 兰州学刊, 2018 (2): 142-150.

[133] 陆亚东. 中国管理学理论研究的窘境与未来 [J]. 外国经济与管理, 2015, 37 (3): 3-15.

[134] 陆瑶, 张叶青, 贾睿, 等. "辛迪加"风险投资与企业创新 [J]. 金融研究, 2017 (6): 159-175.

[135] 逯进, 朱顺杰. 金融生态、经济增长与区域发展差异——基于中国省域数据的耦合实证分析 [J]. 管理评论, 2015, 27 (11): 44-56.

[136] 吕鹰飞, 桑晓曦. 吉林省科技金融发展问题研究 [J]. 长春金融

高等专科学校学报, 2016 (1): 51-58.

[137] 马光荣, 刘明, 杨恩艳. 银行授信、信贷紧缩与企业研发 [J]. 金融研究, 2014 (7): 76-93.

[138] 马宁, 孟卫东. 联合风险投资视角下风险资本与智力资本协同效应研究 [J]. 预测, 2017, 36 (2): 30-36.

[139] 孟方琳, 田增瑞, 贾巧萍, 等. "双创"背景下我国创业投资体制的演进及策略 [J]. 宏观经济管理, 2019 (6): 30-36.

[140] 孟方琳, 田增瑞, 贾巧萍, 等. 演化经济学视角下我国创业投资体制的演进历程、经验与政策研究 [J]. 西南金融, 2019 (7): 3-10.

[141] 米建华. 基于创业投资的长三角技术创新体系研究 [J]. 现代管理科学, 2013 (8): 68-70.

[142] 米建华, 谢富纪, 蔡宁. 创业投资促进技术创新集群的机制及路径研究 [J]. 科技进步与对策, 2010, 27 (8): 7-9.

[143] 欧忠辉, 朱祖平, 夏敏, 等. 创新生态系统共生演化模型及仿真研究 [J]. 科研管理, 2017, 38 (12): 49-57.

[144] 潘娟, 张玉喜. 科技创新与科技金融制度协同度实证研究 [J]. 金融理论与教学, 2018 (5): 43-49.

[145] 潘越, 潘健平, 戴亦一. 公司诉讼风险、司法地方保护主义与企业创新 [J]. 经济研究, 2015, 50 (3): 131-145.

[146] 钱海章. 高新技术企业的生命周期及融资战略 [J]. 金融研究, 1999 (8): 61-66.

[147] 单薇. 基于模糊聚类的科技投融资环境综合评价 [J]. 科技管理研究, 2009, 29 (9): 145-147.

[148] 沈超. 自主创新诉求下的投融资环境重构——以广东为例 [J]. 广东金融学院学报, 2009, 24 (6): 92-102, 128.

[149] 沈丽萍. 风险投资对中小企业自主创新的影响——基于创业板的经验数据 [J]. 证券市场导报, 2015 (1): 59-64.

[150] 沈陆娟. 创业型学院创新创业生态系统促进乡村振兴路径研究——以美国 NIACC 乡村社区学院为例 [J]. 中国职业技术教育, 2020 (4): 61-69, 82.

[151] 石璋铭, 谢存旭. 银行竞争、融资约束与战略性新兴产业技术创新 [J]. 宏观经济研究, 2015 (8): 117-126.

[152] 史祎馨. 基于共同演化的供应链合作伙伴协调能力研究 [J]. 物流科技, 2010, 33 (6): 120-123.

[153] 束兰根. 科技金融融合模式与科技型中小企业发展研究 [J]. 新金融, 2011 (6): 22-26.

[154] 束兰根, 原二军. 基于商业银行视角的科技金融发展研究 [J]. 中国集体经济, 2014 (11): 87-88.

[155] 孙冰, 徐晓菲, 姚洪涛. 基于MLP框架的创新生态系统演化研究 [J]. 科学学研究, 2016, 34 (8): 1244-1254.

[156] 孙金云, 李涛. 创业生态圈研究: 基于共演理论和组织生态理论的视角 [J]. 外国经济与管理, 2016, 38 (12): 32-45.

[157] 孙立梅, 肖卉, 李晓娣. 区域金融发展对技术创新的作用 [J]. 科技管理研究, 2018, 38 (8): 18-26.

[158] 孙晓华, 王昀, 徐冉. 金融发展、融资约束缓解与企业研发投资 [J]. 科研管理, 2015, 36 (5): 47-54.

[159] 谈毅, 陆海天, 高大胜. 风险投资参与对中小企业板上市公司的影响 [J]. 证券市场导报, 2009 (5): 26-33.

[160] 唐清泉, 巫岑. 银行业结构与企业创新活动的融资约束 [J]. 金融研究, 2015 (7): 116-134.

[161] 田增瑞. 创业投资中的显性与隐性激励机制研究 [J]. 复旦学报 (自然科学版), 2009, 48 (6): 801-806.

[162] 童盼, 陆正飞. 负债融资、负债来源与企业投资行为——来自中国上市公司的经验证据 [J]. 经济研究, 2005 (5): 75-84, 126.

[163] 王江. 科技进步环境、高新技术产业化、科技金融效益与经济增长方式转变 [J]. 科技管理研究, 2015, 35 (14): 32-37.

[164] 王庆金, 田善武. 区域创新系统共生演化路径及机制研究 [J]. 财经问题研究, 2016 (12): 108-113.

[165] 王琼. 地方政府促进科技金融发展政策问题研究 [J]. 吉林金融研究, 2016 (7): 43-48.

[166] 王仁祥, 黄家祥. 科技创新与金融创新耦合的内涵、特征与模式研究 [J]. 武汉理工大学学报 (社会科学版), 2016, 29 (5): 875-882.

[167] 王霄, 张捷. 银行信贷配给与中小企业贷款——一个内生化抵押品和企业规模的理论模型 [J]. 经济研究, 2003 (7): 68-75, 92.

[168] 王旭, 褚旭. 债权融资是否推动了企业创新绩效?——来自治理二元性理论的动态解释 [J]. 科学学研究, 2017, 35 (8): 1264-1272.

[169] 王燕梅. 高技术产业化中的融资问题研究 [J]. 中国工业经济, 2000 (9): 67-71.

[170] 王渊, 左温慧, 田梦. 基于"双创"生态圈建设的创新创业环境优化——以陕西为例 [J]. 科技管理研究, 2020 (19): 86-93.

[171] 魏志华, 王贞洁, 吴育辉, 等. 金融生态环境、审计意见与债务融资成本 [J]. 审计研究, 2012 (3): 98-105

[172] 温军, 冯根福, 刘志勇. 异质债务、企业规模与 R&D 投入 [J]. 金融研究, 2011 (1): 167-181.

[173] 温军, 冯根福. 风险投资与企业创新: "增值"与"攫取"的权衡视角 [J]. 经济研究, 2018, 53 (2): 185-199.

[174] 温军. 法律、投资者保护与企业自主创新 [J]. 当代经济科学, 2011, 33 (5): 50-58, 126.

[175] 文竹, 文宗川, 宿北雁. 基于 TRIZ 理论的科技金融创新模式研究 [J]. 科学管理研究, 2012, 30 (3): 17-19.

[176] 闻岳春, 周怡琼. 技术创新投融资的金融生态环境构建问题研究 [J]. 武汉金融, 2009, (2): 21-23.

[177] 吴超鹏, 吴世农, 程静雅, 等. 风险投资对上市公司投融资行为影响的实证研究 [J]. 经济研究. 2012, 47 (1): 105-119, 160.

[178] 吴勇民, 纪玉山, 吕永刚. 金融产业与高新技术产业的共生演化研究——来自中国的经验证据 [J]. 经济学家, 2014 (7): 82-92.

[179] 项国鹏, 宁鹏, 罗兴武. 创业生态系统研究述评及动态模型构建 [J]. 科学学与科学技术管理, 2016, 37 (2): 79-87.

[180] 肖海莲, 唐清泉, 周美华. 负债对企业创新投资模式的影响——基于 R&D 异质性的实证研究 [J]. 科研管理, 2014, 35 (10): 77-85.

[181] 肖泽磊, 韩顺法, 易志高. 我国科技金融创新体系的构建及实证研究——以武汉市为例 [J]. 科技进步与对策, 2011, 28 (18): 6-11.

[182] 徐飞. 银行信贷与企业创新困境 [J]. 中国工业经济, 2019 (1): 119-136.

[183] 徐建军, 杨晓伟. 政府创业投资引导基金促进"创新创业"的绩效评价与提升策略——以宁波市为例 [J]. 科技与经济, 2019, 32 (1):

41-45.

[184] 徐诺金. 论我国的金融生态问题 [J]. 金融研究, 2005 (2): 35-45.

[185] 杨军. 中国创业风险投资发展与政府扶持研究 [D]. 南京: 南京农业大学, 2006.

[186] 杨明海, 张丹丹, 苏志文. 我国区域创新环境评价的实证研究——基于省级面板数据 [J]. 山东财经大学学报, 2018, 30 (1): 74-84.

[187] 叶斌, 陈丽玉. 区域创新网络的共生演化仿真研究 [J]. 中国软科学, 2015 (4): 86-94.

[188] 尹海英, 赵志军, 张晓晖. 完善我国创业投资金融生态环境问题研究 [J]. 经济纵横, 2012 (7): 113-116.

[189] 苑泽明, 李田, 王红. 科技型中小企业创新效率评价研究——基于科技金融政策投入视角 [J]. 科技管理研究, 2016, 36 (16): 39-44.

[190] 袁纯清. 共生理论: 兼论小型经济 [M]. 北京: 经济科学出版社, 1998.

[191] 詹宇波, 孙鑫, 曾军辉. 信贷约束、盈利能力与创新决策——来自中国高科技企业的面板证据 [J]. 上海经济研究, 2018 (11): 90-100.

[192] 张华. 科技金融创新生态系统的规划框架与协同创新机制 [J]. 科学管理研究, 2016, 34 (5): 89-93.

[193] 张玲斌, 董正英. 创业生态系统内的种间协同效应研究 [J]. 生态经济, 2014, 30 (5): 103-105.

[194] 张岭, 郭英远, 张胜, 等. 风险容忍视域下风险投资对科技企业创新支持路径研究 [J]. 科学管理研究, 2019, 37 (1): 86-89.

[195] 张晓晴. 中国创业资本引导基金治理模式研究 [J]. 生产力研究, 2008 (23): 53-55.

[196] 张璇, 李子健, 李春涛. 银行业竞争、融资约束与企业创新——中国工业企业的经验证据 [J]. 金融研究, 2019 (10): 98-116.

[197] 张璇, 刘贝贝, 汪婷, 等. 信贷寻租、融资约束与企业创新 [J]. 经济研究, 2017, 52 (5): 161-174.

[198] 张一林, 龚强, 荣昭. 技术创新、股权融资与金融结构转型 [J]. 管理世界, 2016 (11): 65-80.

[199] 张玉喜, 张倩. 区域科技金融生态系统的动态综合评价 [J]. 科

学学研究，2018，36（11）：1963-1974.

[200] 张征华，兰仙平.银行股权关联对企业创新投入的影响研究 [J].会计之友，2019（13）：82-86.

[201] 张志元，雷良海，杨艺.区域金融可持续发展的城市金融生态研究 [J].金融研究，2006（6）：159-169.

[202] 赵昌文，陈春发，唐英凯，科技金融 [M].北京：科学出版社，2009.

[203] 赵武，李晓华，朱明宣，等.基于模糊综合评价法的技术创新融资环境评价——对陕西中小型科技企业的调查 [J].西安电子科技大学学报（社会科学版），2014，24（1）：88-95.

[204] 周昌发.科技型中小企业知识产权融资研究 [J].经济法论坛，2015，14（1）：89-99.

[205] 周小川.区域金融生态环境建设与地方融资的关系 [J].中国金融，2009（16）：8-9.

[206] 朱欢.银行发展对企业技术创新的作用效果检验——基于省际面板数据的分析 [J].财经理论与实践，2013，34（2）：113-116.